Darmstadt – Kleine Stadtgeschichte

Peter Engels

Darmstadt
Kleine Stadtgeschichte

VERLAG FRIEDRICH PUSTET
REGENSBURG

UMSCHLAGMOTIVE
Vorderseite: Das Ludwigsmonument auf dem Luisenplatz. – Postkarte, um 1900 (Stadtarchiv Darmstadt); Rückseite: Orangerie in Bessungen (lapping | pixabay.com)

**BIBLIOGRAFISCHE INFORMATION DER
DEUTSCHEN NATIONALBIBLIOTHEK**
Die Deutsche Nationalbibliothek verzeichnet diese Publikation
in der Deutschen Nationalbibliografie; detaillierte bibliografische
Angaben sind im Internet über http://dnb.dnb.de abrufbar.

ISBN 978-3-7917-3085-1
© 2019 by Verlag Friedrich Pustet, Regensburg
Reihen-/Umschlaggestaltung und Layout: Martin Veicht, Regensburg
Satz: Vollnhals Fotosatz, Neustadt a. d. Donau
Druck und Bindung: Friedrich Pustet, Regensburg
Printed in Germany 2019

eISBN 978-3-7917-6164-0 (epub)

Weitere Publikationen aus unserem Programm
finden Sie auf www.verlag-pustet.de
Kontakt und Bestellungen unter verlag@pustet.de

Inhalt

Vorwort 7

Vor- und Frühgeschichte des Darmstädter Raumes 9
Von der Steinzeit zur Römerzeit / Die Anfänge der Darmstädter Geschichte / *Der Name »Darmstadt« / Königshöfe*

Darmstadt als Nebenresidenz der Grafen von Katzenelnbogen (13.–15. Jahrhundert) 22
Burgenbau und Burgmannensiedlung / *Die Ritter von Darmstadt / Das mittelalterliche Stadtbild* / Erhebung zur Stadt und katzenelnbogischen Residenz / *Die Rechnung von 1401* / Verwaltung und städtisches Leben im Spätmittelalter

Landstadt in der Landgrafschaft Hessen (1479–1567) 36
Niedergang und wirtschaftliche Not / Belagerungen und Zerstörungen / Die Reformation / Darmstadt als Residenz Landgraf Ludwigs IV. / *Die Doppelehe Philipps des Großmütigen*

Haupt- und Residenzstadt der Landgrafschaft Hessen-Darmstadt 45
Residenzgründung und Stadtausbau unter Georg I. / Wirtschaftsförderung und Landesausbau / *Hexenverbrennung* / Erste kulturelle Blüte unter Ludwig V.

Dreißigjähriger Krieg, Franzosenkriege und die Folgen (1618–1714) 56
Heimsuchung Darmstadts im Mansfeldischen Einfall 1622 / *Mansfeldisches Schadensverzeichnis und Zeugenverhör* / Erbschaft Oberhessen und Ausbau der Stadt (1623–1630) / Krieg, Pest und Verwüstung (1631–1648) / Keine Zeit zur Erholung: Franzosenkriege und Spanischer Erbfolgekrieg / *Der Brauertunnel* / Gründung einer jüdischen Gemeinde

Das kurze 18. Jahrhundert – fürstliche Bauwut und höfische Kultur 69
Barock und Bankrott – vergebliches Streben nach Versailles / *Das Schloss im ausgehenden 18. Jahrhundert* / Jagdleidenschaft und höfische Feste / *Ein höfisches Fest in der Bessunger Orangerie* / Landgräfliche Theaterleidenschaft / Die Vergnügungen der Bürgerschaft / Alltag im absolutistischen Darmstadt / Abwendung des Staatsbankrotts – Darmstadt unter Ludwig IX. / Die Große Landgräfin und der Kreis der Empfindsamen / *Das Goethehäuschen*

Das lange 19. Jahrhundert – Darmstadt im Großherzogtum Hessen (1806–1914) 85
Von der Landgrafschaft zum Großherzogtum / Georg Moller und der Ausbau Darmstadts / *Darmstadt zu Beginn des 19. Jahrhunderts* / Soziale Krise und politische Reformen / *Louise Büchner und die deutsche Frauenbewegung* / Auf dem Weg zur modernen Stadt: Industrialisierung und Infrastruktur / Stadtausbau und Wohnungsnot / Kunst und Kultur im 19. Jahrhundert

Vom Ersten zum Zweiten Weltkrieg – Weimarer Republik und Nationalsozialismus 118
Das Ende der Residenz – Darmstadt im Ersten Weltkrieg / Kriegsende und Novemberrevolution / Hauptstadt des Volksstaates Hessen / Die »Goldenen Zwanziger«: Theaterkunst und Stadtkultur / Wirtschaftskrise und Aufstieg des Nationalsozialismus / Diktatur, Widerstand, Verfolgung, Judenpogrome / Untergang des alten Darmstadt im Zweiten Weltkrieg

Nach 1945: Darmstadt als Ort der Künste und der Wissenschaft 143
Besatzung, Mangelernährung und Trümmerräumung / Wiederaufbau von Kultur und Schulwesen / Rauchlose Industrie, Wirtschaftswunder, Wohnsiedlungen / Das neue Darmstadt / *Das Hundertwasserhaus*

Anhang 155
Literatur / Stadtplan / Register / Bildnachweis

Vorwort

Zusammen mit dem Hoftheater symbolisiert das Darmstädter Schloss – an der Stelle der frühmittelalterlichen Wasserburg gewissermaßen die Keimzelle des alten Darmstadt – die einstige kulturelle Tradition und die politische Bedeutung der Haupt- und Residenzstadt. Deren in weiten Teilen erhaltene historische Bausubstanz haben die Bomben des Zweiten Weltkriegs fast vollständig vernichtet. Darmstadt verlor 1944/45 nicht nur seine historische Stadtgestalt, sondern auch seine politische Bedeutung, als das lange Zeit preußische und damit von den Darmstädtern schief angesehene Wiesbaden Hauptstadt des neuen Bundeslandes Hessen wurde und die Regierungsbehörden dorthin abwanderten. Die Darmstädter, für die damit ein Verlust ihrer historischen Identität einherging, kompensierten das fehlende politische Gewicht durch neue Zielsetzungen, machten aus Darmstadt eine Stadt der Künste und der Wissenschaft, begründeten seinen Ruf als Digitalstadt und Schwarmstadt.

Die Einwohnerzahl hat 2018 erstmals die Marke von 160.000 überschritten. Darmstadt beherbergt gut 30 wissenschaftliche Einrichtungen, darunter die Europäische Behörde für Weltraumforschung (ESOC), die Organisation für Wettersatelliten (Eumetsat), die Gesellschaft für Schwerionenforschung, mehrere Fraunhofer-Institute, die Technische Universität und nicht zuletzt das Haus der Geschichte im ehemaligen Großherzoglichen Hoftheater mit Archiven und weiteren geschichtsforschenden Einrichtungen.

Die *Kleine Stadtgeschichte* zeichnet die Entwicklung von der unbedeutenden Ackerbürgerstadt zum politischen und kulturellen Zentrum des Großherzogtums Hessen-Darmstadt und weiter zum modernen Oberzentrum im Rhein-Main-Gebiet nach. Sie kann nur die wesentlichen Strukturen erfassen, die Darmstadt in seiner Geschichte ausmachen, denn der vorgegebene Rahmen fordert Beschränkung, Konzentration und

Altes Rathaus am Marktplatz, erbaut 1599–1601 an der Stelle eines Vorgängerbaus aus den Jahren 1566–1568. – Aufnahme um 1900

Wertung. Die Darstellung nimmt die Höhepunkte der politischen, wirtschaftlichen, gesellschaftlichen und kulturellen Entwicklung ebenso in den Blick wie die Katastrophen, die Fürsten und ihren Hof ebenso wie Bürgertum und Arbeiterschaft, fürstliche Bauwut und städtische Bauplanungen, Zerstörung und Niedergang ebenso wie Wiederaufbau und Aufschwung. Alle diese Aspekte haben zur geschichtlichen Entwicklung Darmstadts beigetragen und damit ihren Platz in dieser *Kleinen Stadtgeschichte* verdient.

Vor- und Frühgeschichte des Darmstädter Raumes

Von der Steinzeit zur Römerzeit

Grundsätzlich war der Darmstädter Raum aufgrund seiner überwiegend sandigen Böden für Ansiedlungen nicht günstig. Wir wissen nicht, wann die ersten Menschen unsere Gegend durchstreiften. Aus der Steinzeit haben sich nur wenige Spuren ihrer Existenz erhalten. Erst aus dem späten 3. Jtd. v. Chr. stammen die frühesten Funde menschlicher Artefakte, die verstreut in Darmstadt und Umgebung zum Vorschein kamen und darauf hindeuten, dass die Menschen einige Zeit zuvor zu Ackerbau und Viehzucht übergegangen und sesshaft geworden waren. Hierzu gehören zwei geschliffene Steinbeile und ein Steinmeißel, die bei Bauarbeiten im Westen Bessungens entdeckt wurden. Eine weitere Fundstelle befindet sich in der Nähe des Bessunger Forsthauses.

Zentren der jungsteinzeitlichen Besiedlung von Menschen der sog. »Glockenbecherkultur« (um 2000 v. Chr.), benannt nach den von ihnen genutzten glockenförmigen Bechern, waren das Modautal zwischen Nieder-Modau und Nieder-Ramstadt, der Pfungstädter Raum und die Sandgebiete um Gräfenhausen und Wixhausen. Einer ihrer Vertreter ist der »Älteste Darmstädter«, ein männliches Skelett, das man 1926 in einem Hockergrab am Wasserwerk zwischen Griesheim und Pfungstadt fand. Dem Toten, einem jungen Mann von 1,72 cm Größe, wurden ein Keramikgefäß, ein abstraktes Frauenfigürchen, eine steinerne Armschutzplatte sowie Pfeil und Bogen mit ins Jenseits gegeben. Das restaurierte Grab ist heute im Hessischen Landesmuseum zu sehen.

Aus der Bronzezeit (1600–1300 v. Chr.) stammen einige Grabhügel im Darmstädter und Bessunger Wald. 1939 wurde ein bronzezeitlicher Grabhügel mit mehreren Bestattungen zwischen Bernhardsackerschneise und Scheftheimer Wiesen

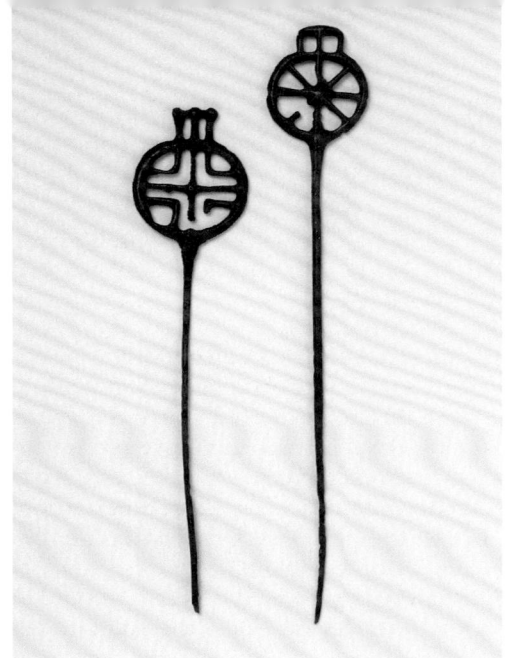

Zwei Radnadeln aus einem bronzezeitlichen Hügelgrab an der Bernhardsackerschneise. Die beiden Nadeln hielten einst ein Frauengewand zusammen.

untersucht, der in der frühen Eisenzeit noch einmal mit einem Grab belegt wurde. Man stieß auf eine große Zahl wertvoller Funde, darunter vier Bronzenadeln, die die Gewänder der beiden dort bestatteten Frauen zusammenhielten. In der späten Bronzezeit (1200–800 v. Chr.) – nach dem namengebenden österreichischen Fundort Hallstattzeit genannt – zog sich eine Kette von Grabhügeln fast im Halbkreis von der Koberstadt (zw. Langen und Wixhausen) an Messel und Kranichstein (Grabhügel in der Fasanerie) vorbei über das Bessunger Forsthaus bis in den Bessunger Wald und nach Traisa. Man kann geradezu von einer Gräberstraße sprechen, die vielleicht eine Hauptverkehrsroute des 1. Jtds. v. Chr. bildete. In den Hügeln, die zum Teil heute noch zu erkennen sind, wurden die Toten mit ihrer Tracht und Bewaffnung beigesetzt. Den Frauen gab man Nadeln und Ringschmuck aus Bronze mit.

In der Koberstadt fanden Archäologen Ende des 19. Jhs. auch Spuren von runden und viereckigen Hütten. Im Winkel zwischen Alter Ober-Ramstädter Straße und Traisaer Weg (in der Nähe des heutigen Traisaer Sportgeländes) entdeckte Friedrich Soldan nach eigenen Angaben im Jahr 1903 zwischen Grabhügeln ein ganzes Gehöft der Hallstattzeit mit zwei lang gestreckten nebeneinanderliegenden Pfostenhäusern sowie einem dritten, schmaleren Bau. Die neuere Forschung zieht Soldans Befunde und ihre Interpretation jedoch in Zweifel. Die meisten Funde aus den Grabhügeln sind leider 1944 im Hessischen Landesmuseum verbrannt.

Aus den häufigen, wenn auch lückenhaften Funden der Stein-, Bronze- und Eisenzeit kann man eine ununterbrochene Besiedlung unserer Gegend mindestens seit Beginn des 2. Jtds. v. Chr. erschließen. Erst in den letzten Jahrhunderten vor der Zeitenwende lassen sich jedoch die Funde bestimmten Völkern und Stämmen zuweisen. So siedelten zur Zeit Caesars elbgermanische Sueben zusammen mit bereits länger ansässigen Kelten in unserem Raum. Keltischen Ursprungs ist vielleicht die 1966 entdeckte Menhir-Anlage ganz im Osten der Darmstädter Gemarkung neben der Scheftheimer Wiese am Ruthsenbach. Ein keltisches Kriegergrab entdeckte man 1854 an der Rosenhöhe östlich der Erbacher Straße. Begraben war hier ein 40–50-jähriger Mann, ausgestattet mit Wehrgehänge, Schwert, Lanze und Schild. Zu seinen Füßen stand eine Flasche aus dunklem Ton. Ende des 19. Jhs. stieß man bei Ausgrabungen am Weißen Turm auf ein suebisches Brandgräberfeld. Bei Enttrümmerungsarbeiten am benachbarten Marktplatz kamen 1950 weitere Grabbeigaben zum Vorschein. Das bekannteste Fundstück war neben zwei Keramikgefäßen und einem Ring eine aus einer braunkohleartigen Masse hergestellte Hundefigur, genannt »Spitz vom Weißen Turm« (1944 zerstört).

In der ersten Hälfte des 1. Jhs. n. Chr. versuchten römische Legionen mehrfach, in die germanischen Siedlungsgebiete östlich des Rheins vorzudringen. Nachdem die Operationen keinen Erfolg zeitigten, zogen sich die Römer hinter den Rhein zurück. In der Ebene westlich von Darmstadt sind in den letzten Jahren durch systematische Feldforschungen frühe Römerlager bei Groß-Gerau, Wallerstädten und am »Kornsand« entdeckt worden. Im Zuge der Chattenkriege unter Domitian (81–96 n. Chr.) begannen die Römer erneut, die Grenze nach Osten

Der »Spitz vom Weißen Turm« mit Keramikgefäßen und Ring.

und Nordosten vorzuschieben, um künftigen Übergriffen der Germanen besser begegnen zu können. Kastelle, z. B. in Groß-Gerau, Gernsheim und Ladenburg, sicherten seit etwa 75 n. Chr. den Vormarsch. Nach dem Bau des Limes wurde das Gebiet nördlich und südlich des Mains endgültig in die neu gegründete Provinz Germania Superior mit der Hauptstadt Mainz einbezogen. Odenwald und Ried bildeten innerhalb dieser Provinz eine römische Verwaltungseinheit *(civitas)*, deren Zentrum vermutlich das um 120 n. Chr. erbaute Dieburg war. Um die Kastelle bildeten sich Lagerdörfer teilweise recht großen Umfangs. Im Hinterland des Limes entstanden landwirtschaftliche Einzelhöfe, zum Teil von Veteranen angelegt, vermutlich auch auf dem Gebiet des heutigen Darmstadt. Die verstreuten römischen Funde lassen keine genaueren Aussagen zu, aber römische Brandgräber und Mauerreste am Eberstädter Steigertsweg deuten auf einen solchen Gutshof hin.

Die Römer erschlossen ihr rechtsrheinisches Herrschaftsgebiet durch neu angelegte Verkehrswege. Der Raum südlich Darmstadts wurde zum Schnittpunkt mehrerer Straßen. Etwa dort, wo heute der Bessunger Forstmeisterplatz liegt, kreuzten sich die römische Bergstraße, die frühestens Ende des 1. Jhs., vermutlich aber unter Kaiser Hadrian (117–138 n. Chr.) angelegt wurde, und die Straße, die vom Kastell Groß-Gerau am späteren Gehaborner Hof vorbei nach Bessungen, etwa in

Höhe des Marienhospitals in den Wald und südlich am Herrgottsberg vorbei auf der Trasse der Alten Ober-Ramstädter Straße nach Traisa und weiter nach Dieburg führte. Nördlich von Traisa vereinigte sie sich mit der Straße vom römischen Hafen Gernsheim an Eberstadt vorbei nach Dieburg. In der Nähe des Gehaborner Hofes fand man 1868 den Grabstein eines römischen Kaufmanns, der an der Straße von Groß-Gerau nach Bessungen von Räubern erschlagen worden war. Die Bergstraße, eine vermutlich schon in keltischer Zeit benutzte Nord-Süd-Verbindung, von den Römern ausgebaut zur besseren Erschließung der Grenzprovinz, war keine römische Hauptstraße (diese verlief linksrheinisch zw. Worms und Mainz), aber das Rückgrat der Siedlungsentwicklung im Darmstädter Raum. Ob sie in römischer Zeit schon bis Frankfurt zog, muss fraglich bleiben. Im Wesentlichen dürfte die Trasse von Süden bis Zwingenberg der heutigen Verkehrslinie entsprochen haben. Über den weiteren Verlauf weiß man nicht genau Bescheid.

Trotz der guten Verkehrsanbindung ist es im Darmstädter Raum nicht zum Bau römischer Militäranlagen und zur Gründung von Ansiedlungen gekommen. Vereinzelte Landgüter und Gehöfte, etwa am Mathildentempel, in Nieder- und Ober-Ramstadt, Roßdorf und Gundernhausen, sind archäologisch nachgewiesen worden. 1971 wurde in der Nähe des Bessunger Forsthauses in einer Wiese eine Quelle gefunden, die zu einem kleinen römischen Gutshof gehört hat. Ausgrabungen ergaben, dass sie bereits in der Hallstattzeit um 1000 v. Chr. genutzt, aber erst um 100 n. Chr. gefasst worden war. Der Hof stammte also aus der ersten römischen Besiedlungsphase des Odenwaldraumes und stand in Verbindung zur römischen Straße von Gernsheim bzw. Groß-Gerau nach Dieburg. Insgesamt wurden fünf *villae rusticae* an dieser römischen Straße festgestellt.

Die Anfänge der Darmstädter Geschichte

Zu Anfang des 3. Jhs. begann für das südliche Hessen nach fast 200-jähriger Zugehörigkeit zum Römischen Reich mit dem Eindringen elbgermanischer Krieger vom Stamm der Alamannen eine unruhige Zeit. Als kurz nach 230 und v. a. 259/260 alamannische Heere auf breiter Front den Limes überwanden, verlegten die Römer die Grenze wieder an den Rhein zurück. Der Limes wurde aufgegeben. Der Rückzug ging anscheinend geordnet vor sich, nicht fluchtartig, denn es fanden sich an den römischen Siedlungsplätzen in Südhessen keine Brandschichten und Versteckfunde (Horte). Das Land zwischen Main und Neckar sowie im Odenwald wurde von Alamannen besiedelt. Während man früher annahm, dass den wiederholten Feldzügen durch Tod oder Flucht ein Großteil der eingesessenen Bevölkerung zum Opfer fiel, geht aus neueren Forschungen hervor, dass romanische und auch germanische Bevölkerungsteile vor Ort blieben und sukzessive von den Alamannen assimiliert wurden. Aus den wenigen erhaltenen Funden kann man schließen, dass die Neusiedler zusammen mit den Resten der alten Bevölkerung die vorhandenen römischen Siedlungen und Villen weiternutzten oder in der Nähe ansässig wurden, man also von einer Siedlungskontinuität ausgehen kann. Alamannische Aufsiedlungen hat man ab den 330er-Jahren festgestellt. Siedlungen und Gräber fanden die Archäologen bei Trebur, Groß-Gerau und Groß-Rohrheim. Neu angelegte Siedlungen sind im südlichen Hessen bisher nur in Groß-Gerau nachgewiesen worden. Hier konnte in der Flur »Auf Esch« im Rahmen mehrerer Grabungen seit 1978 eine alamannische Siedlung des 5. Jhs. (Datierung aufgrund von Münzfunden) in unmittelbarer Nachbarschaft zum römischen Kastell und der Zivilsiedlung aufgedeckt werden. Auch das 1859 an der Windmühle im Winkel zwischen Gräfenhäuser und Pallaswiesenstraße freigelegte Gräberfeld soll einige alamannische Bestattungen enthalten haben. Schon Ende des 19. Jhs. wurde in Groß-Umstadt ein alamannisches, von den Franken weiter belegtes Gräberfeld entdeckt und seitdem mehrfach angeschnitten.

Seit dem frühen 5. Jh. stürmten die Franken vom Mittelrhein- und Lahngebiet aus gegen die Alamannen an; 496 besiegte Chlodwig aus dem fränkischen Königshaus der Merowinger die alamannischen Stämme bei Zülpich in der Nähe von Köln. Letztere zogen sich auf eine Linie südlich des mittleren Neckars zurück, wo sie ein Stammesherzogtum bildeten.

Das geräumte Gebiet zwischen Taunus und mittlerem Neckar wurde von den Franken zunächst militärisch besetzt und anschließend planmäßig besiedelt. Zugleich setzte auch die Christianisierung ein. Es scheint ein Bruch in der Besiedlung am Ausgang des 5. Jhs. stattgefunden zu haben. Die vorher angelegten Friedhöfe setzen sich im Allgemeinen im 6. Jh. nicht weiter fort. Es entstanden zahlreiche neue Siedlungen, die Vorläufer der heutigen Dörfer und Städte. Durch die Siedlungskontinuität zwischen fränkischer und heutiger Zeit erklärt sich die geringe Dichte fränkischer Funde in Südhessen: Die alten Wohnplätze liegen unter den heutigen Ortskernen. Durch das Fehlen schriftlicher Quellen für die Geschichte der fränkischen Siedlung sind wir jedoch – neben namenkundlichen – auf archäologische Belege angewiesen. Als Indizien gelten die Reihengräberfriedhöfe, so genannt wegen der gleichartigen Ausrichtung der Gräber und ihrer Anlage in Reihen. Sie deuten auf in der Nähe befindliche Siedlungen hin. Trotz hoher Beraubungsquoten bilden sie durch ihre reichen Grabbeigaben – Kleidung, Waffen, Schmuck – für die Frühmittelalterforschung die wichtigste Quelle. 1975–77 wurde bei Griesheim ein großes fränkisches Gräberfeld mit 484 Bestattungen ausgegraben. Man fand sogar den Grundriss einer kleinen hölzernen Kirche, den ältesten bisher bekannten Kirchenbau Südhessens (Ende 7. oder Anfang 8. Jh.). Auch in Büttelborn gibt es ein gerade in jüngster Zeit ergrabenes Reihengräberfeld aus dem späten 6. Jh. mit rund 420 Gräbern. In Wallerstädten, Dornheim, »Auf Esch« (alle bei Groß-Gerau) und in Riedstadt-Wolfskehlen fanden in den 1980er- und 1990er-Jahren Ausgrabungen statt, die reichhaltige Ergebnisse zu Tage förderten.

Auch auf dem heutigen Darmstädter Stadtgebiet konnten mehrere Gräberfelder entdeckt und teilweise ausgegraben werden, so um 1775 beim Bau des Kollegiengebäudes am Luisenplatz, 1894 erneut unter dem Kollegiengebäude und 1859 an der bereits genannten Windmühle. Als man im Jahr 1860 zur Auffüllung des Geländes für den Bau der Artilleriekaserne in der Heidelberger Straße den Vollhardsberg östlich des Forstmeisterplatzes in Bessungen abtrug, stieß man ebenfalls auf ein fränkisches Reihengräberfeld mit 17 geborgenen Gräbern.

Pferdetrense aus dem fränkischen Reihengräberfeld vom Forstmeisterplatz.

Leider sind die meisten der reichhaltigen Grabfunde – Schwerter, Lanzen, Messer, Scheren, Halsketten – 1944 im Hessischen Landesmuseum verbrannt. Dieses Gräberfeld stellt wohl den ältesten Beleg für die Existenz des Dorfes Bessungen dar. Hier ist vermutlich im 7. oder 8. Jh. auch die erste Pfarrkirche unserer Gegend errichtet worden. Der Name »Bessungen« bedeutet »zu den Leuten des Bezzo«, ist also eine personengebundene Namensgebung, anders als die ebenfalls fränkischen »-heim«-Namen, die einen Ort, eine Wohnstätte bezeichnen. Die frühesten fränkischen Siedlungen erhielten durchweg Namen auf »-ingen« und »-heim«. Die erste Kolonisationsphase beschränkte sich auf die fruchtbarsten Böden und die besten Lagen. Da das Land zwischen Main und Modau fast vollständig mit Wald bedeckt war, gab es in der frühen fränkischen Siedlungsphase wenige Gründungen; beide Namensformen sind folglich hier selten (Sprendlingen, Bessungen, Griesheim, Seeheim, Jugenheim; eine Ausnahme bildet wohl Arheilgen). Als die Bevölkerung anwuchs, wurden auch weniger günstige Lagen für Siedlungen erschlossen.

Dieser zweiten Phase gehören die in unserer Gegend häufigen »-stat«-Namen an. Einen wichtigen Hinweis auf das Alter einer Siedlung liefert auch die Gemarkung. Meist besitzen ältere Orte größere Gemarkungen als die jüngeren Siedlungen derselben Gegend, die sich zwischen schon vorhandene Gemarkungen drängen mussten. Auch von daher ist anzunehmen, dass Bessungen mit seiner großen waldreichen Dorfgemarkung älter ist als das etwa 2 km entfernte Darmstadt. Bessungen und das nördlich angrenzende Arheilgen mit seiner ebenfalls umfangreichen Gemarkung waren bis ins 14. Jh. hinein bedeutender als Darmstadt. Beide nannten Pfarrkirchen ihr Eigen, während in Darmstadt nur eine fränkische Friedhofskapelle bestand. Erst mit der Residenzgründung in der Darmstädter Wasserburg kehrte sich dieses Verhältnis um. In Personen wie Bezzo (s. o.), dem Darmstädter Darimund, dem Eberstädter Eberhard, dem Weiterstädter Wido und Gerold, dem Gründer des bald wieder wüst gewordenen Geroldshausen bei Pfungstadt, dürfen wir wohl fränkische Adlige sehen, die nach dem Sieg über die Alamannen die neu gewonnenen Gebiete dem Frankenreich erschlossen und zusammen mit ihren Gefolgsleuten die nach ihnen benannten Orte gegründet haben. In welchen Formen sich Ansiedlung und Namengebung vollzogen, ist im Einzelnen völlig unbekannt.

Die Gründung Darmstadts in fränkischer Zeit dürfte auf eine befestigte Wohnstätte eines fränkischen Adligen namens Dar(i)mund zurückgehen, der sich mit seinem – üblicherweise unfreien – Gefolge hier niederließ. In älteren stadtgeschichtlichen Darstellungen ist gewöhnlich zu lesen, er sei ein Wildhübner gewesen, ein im königlichen Auftrag handelnder Forstverwalter, der einen Abschnitt des Wildbanns Dreieich zu überwachen hatte. Dieser Wildbann, ein ausgedehnter Waldbezirk, der sich von Bad Vilbel im Norden bis nach Eberstadt südlich von Darmstadt erstreckte und in welchem dem König alleine das Jagd- und Fischereirecht sowie weitere Nutzungen zustanden, soll, so nahm man früher an, in der Karolingerzeit (9. Jh.) entstanden sein. Die meisten Wildbanngründungen im deutschen Reich erfolgten jedoch erst im 10. oder 11. Jh. Urkundlich erwähnt wurde der Wildbann Dreieich erstmals 1069, also lange nach der Gründung Darmstadts, und die älteste Quelle für die Organisation dieses Wildbanns, das Weistum Kaiser Ludwigs des Bayern, stammt sogar erst aus dem Jahr 1338.

HINTERGRUND

DER NAME »DARMSTADT«

Die erste Erwähnung Darmstadts als »darmundestat« findet sich in einer Handschrift des späten 11. Jhs., die heute in der Stadtbibliothek Mainz aufbewahrt wird. Die Bedeutung ist nicht sicher. »Wohnstätte des Darmund oder Darimund« liegt aufgrund des häufigen Vorkommens der Endungen »-heim« oder »-stat« in Verbindung mit einem Personennamen nahe. Der gegen diese Vermutung vorgebrachte Einwand, der Name »Darimund« sei nirgendwo sonst belegt, kann angesichts der kaum vorhandenen schriftlichen Quellen der Zeit nicht verwundern, ist bisher aber auch nicht durch Studien untermauert worden. Die Herleitung vom Darmbach (über idg. »Taram« = »starkes Wasser«) kommt nicht in Frage, weil der den Ort durchfließende Bach erst im 18. Jh. so bezeichnet wird. Abzulehnen ist die vom früheren Oberbürgermeister Heinz Winfried Sabais erdachte Lösung, nach der »dar-munde-stat« »Siedlung am befestigten Durchgang« bedeute, eine sprachwissenschaftliche Konstruktion, die der weitgehend illiteralen Welt des Frühmittelalters nicht gerecht wird. Man muss davon ausgehen, dass die ersten Generationen im neu besiedelten Darmstadt weder lesen noch schreiben konnten.

Mit größerer Wahrscheinlichkeit können wir die Gründung Darmstadts in Zusammenhang bringen mit der 772 erstmals als »strata publica« (Landstraße) erwähnten Bergstraße, die vermutlich schon im 8. Jh. als Handelsweg diente, der reisende Kaufleute zur Kaiserpfalz nach Frankfurt und weiter in die fruchtbaren Gebiete der Wetterau leitete. Von Süden kommend führte sie über Eberstadt und Bessungen auf einem Höhenweg durch das spätere Darmstädter Stadtgebiet und über Arheilgen nach Norden. Es ist daher denkbar, dass die Gründung Darmstadts auf eine Zoll- oder Wachstation an diesem bedeutenden Handelsweg zurückgeht. In Anlehnung an diese vermutlich befestigte Anlage bildete sich im Osten jenseits der Straße auf einem hochwassersicheren, 400 x 250 m großen Plateau eine kleine dörfliche Siedlung heraus. Der unterhalb der Kuppe in einer feuchten Niederung fließende spätere Darmbach versorgte die befestigte Anlage und die Siedlung mit Wasser. Der Friedhof mit einer kleinen Kapelle, aus der später die Stadtkirche hervorgehen sollte, lag nach fränkischer Gewohnheit ein wenig außerhalb jenseits des Baches.

Das Darmstädter Umland war seit fränkischer Zeit in königlichem Besitz und Bestandteil des Königshofes Groß-Gerau. Hier befand sich schon in frühfränkischer Zeit eine große Siedlung, wie die vielen dort entdeckten fränkischen Reihengräber belegen. Noch zu Beginn des 15. Jhs. war das knapp 10 km nordwestlich gelegene Groß-Gerau größer und steuerkräftiger als Darmstadt. Über den Umfang und die Größe des Königshofes liegen aus dem 11. Jh. keine Nachrichten vor. Ausweislich späterer Urkunden gehörten dazu u. a. Dornberg, Groß- und Klein-Gerau, Büttelborn, Worfelden, Wixhausen, Arheilgen, Darmstadt, Bessungen, Klappach und Nieder-Ramstadt.

Am 21.6.1013 übertrug Kaiser Heinrich II. den Königshof Groß-Gerau an das Bistum Würzburg, und in einer zweiten Urkunde vom selben Tag fügte er dieser Schenkung das Grafengericht in Bessungen hinzu. Der Königshof hatte eine eigene Gerichtsbarkeit, Angehörige mussten sich bei Vergehen vor

KÖNIGSHÖFE
Ein Königshof war ein Hofverband mit einem Haupthof und mehreren Nebenhöfen in umliegenden Ortschaften, denen wiederum die Hofstätten abhängiger Bauern zugeordnet waren. Der Hofverband konnte einige hundert Personen umfassen. Königshöfe stellten die wirtschaftliche Versorgung des Königs und seines Hofstaates sicher, der im Früh- und Hochmittelalter noch keine feste Residenz besaß, sondern sich auf einem dauernden Umritt durch das Reich befand und meist von Pfalz zu Pfalz reiste, aber sich manchmal auch auf den Königshöfen aufhielt, die für solche Zwecke entsprechende Unterkünfte vorhielten. Die Höfe besaßen meist auch eigene Pfarrkirchen für die Gottesdienste der Hofleute und der Gäste. Sie lagen deshalb verkehrsgünstig, z. B. an alten Römerstraßen wie im Falle von Groß-Gerau, das vermutlich die Versorgung der Pfalzen in Trebur und Frankfurt sicherstellte.

Gehaborner Hof. – Luftaufnahme, 1956

dem Bessunger Gericht verantworten. Die Bischöfe von Würzburg blieben nun nominell bis 1803 Bessunger und Darmstädter Oberherren, obwohl man von dieser Oberherrschaft schon bald nichts mehr wahrnahm.

Nach der Ersterwähnung hören wir für mehr als 100 Jahre nichts mehr von Darmstadt. Erst im 13. Jh. setzt die Überlieferung wieder ein. Im »Oculus Memoriae«, dem ältesten Güter- und Besitzverzeichnis des Zisterzienserklosters Eberbach im Rheingau, niedergeschrieben 1211, ist auch Besitz in Darmstadt verzeichnet: Vor 1211 kaufte der Eberbacher Hofmeister Wolfram 10 Morgen Land von Gundelach von Darmstadt und überlieferte uns damit den ältesten namentlich bekannten Darmstädter. Das 1136 im Rheingau gegründete Zisterzienserkloster erwarb in den ersten Jahrzehnten seines Bestehens einen umfangreichen Grundbesitz. Zur Bewirtschaftung errichteten die Mönche große Wirtschaftshöfe. Den Besitz im südlichen Hessen konzentrierten sie um den Hof Gehaborn, etwa 4 km nordwestlich von Darmstadt, den sie um 1160 auf bisher unkultiviertem Land anlegten. 1211 besaß Eberbach rund um den Gehaborner Hof über 1.000 Morgen Land. Auf Gehaborn wurde Ackerbau betrieben, vorwiegender Wirtschaftszweig war jedoch die Tierhaltung, da ein großer Waldbesitz für die Mast genutzt werden konnte. Die Wirtschaftshöfe als Stützpunkte der Klosterwirtschaft bekamen um die Mitte des 13. Jhs. eine zweite Funktion: Sie wurden zu Zinshebestellen für die abgabenpflichtigen Pächter in der Umgebung. So sammelte der Gehaborner Hof Geld- und Naturalabgaben aus Gräfenhausen, Schneppenhausen, Erzhausen, Wixhausen, Arheilgen, Darmstadt, Traisa, Griesheim und Weiterstadt.

In Darmstadt besaß Kloster Eberbach 15 Morgen Land am Mühlenweg, am Flurgraben und am Gehaborner Weg, die zusammen an Guda Wenken aus Bessungen verpachtet waren. Mit Konrad Hobemeister, Konrad Gladbecher und Bertold Barbitonsor (= »Bartscherer«; hier scheint also der erste namentlich bekannte Darmstädter Friseur auf) sowie dem Mühlenpächter Heino mussten weitere Darmstädter Einwohner Abgaben nach Gehaborn entrichten. 1362 erhielt man von der Tochter des Ritters Konrad von Darmstadt einen Hof samt Haus und Scheune in Darmstadt. Als 1518 die von Gehaborn aus verwalteten Eberbacher Besitztümer und Einkünfte in Arheilgen und in Darmstadt einer Revision unterzogen wurden, füllten die Arheilger Einkünfte in dem darüber aufgestellten Verzeichnis 12, die Darmstädter rund 50 Seiten. Man kann Kloster Eberbach also als den zur damaligen Zeit größten Grundbesitzer in Darmstadt bezeichnen.

Darmstadt als Nebenresidenz der Grafen von Katzenelnbogen (13.–15. Jahrhundert)

Burgenbau und Burgmannensiedlung

Das Ausgreifen der Eberbacher Mönche in das heutige Südhessen brachte sie einige Male in Konflikt mit den Grafen von Katzenelnbogen, die seit dem 13. Jh. Ortsherren von Darmstadt waren. Diese Adelsfamilie, die ihren Ursprung von der gleichnamigen Burg im Westtaunus herleitete, hatte sich am Mittelrhein bereits ein Herrschaftsgebiet um St. Goar und die Burg Rheinfels geschaffen, die spätere Niedergrafschaft Katzenelnbogen. Mit der Übertragung des ehemaligen Königshofes Groß-Gerau vom Bistum Würzburg begannen die Grafen, einen weiteren Herrschaftskomplex südlich des Mains zu errichten. Seit dem 13. Jh. verfügten sie über die Gerichtshoheit an vielen Orten, darunter in Darmstadt und Bessungen. Auf die genannten Erwerbungen und Rechte fußend errichteten die Grafen im 13. Jh. eine größere Herrschaft zwischen Rhein, Main und Odenwald, die spätere Obergrafschaft Katzenelnbogen. Diese sicherten sie durch drei Stützpunkte: die Burgen Lichtenberg (erstmals 1228 erwähnt), Auerbach (1246/47) und Darmstadt (1234). Zur Sicherung ihrer Herrschaft gehörte auch der Ausbau der Städte Zwingenberg (1258) und Reinheim (vor 1276/77). 1310 erwirkten sie Stadtrechte für Ober-Ramstadt, 1312 für Groß-Bieberau und Lichtenberg und 1330 für Darmstadt. Die Grafen konnten ihre Herrschaft im 13. und 14. Jh. gegen die Widerstände kleinerer Fürsten wie der Herren von Erbach, Bickenbach und Frankenstein behaupten und weiter ausbauen.

Darmstadt war einer der Stützpunkte, welche die Grafen zur Sicherung ihres Herrschaftsgebietes südlich des Mains errichteten. Auf der Grundlage der bereits vorhandenen befestigten Jagd- oder Wehrbehausung wurde eine ringsum durch Wassergraben und Wall geschützte Niederungsburg mit

Darmstadt um 900 als kleine fränkische Siedlung, aus dem Wald gerodet, die sich im Schutz einer befestigten Behausung entwickelte. Südlich ein kleines Gräberfeld mit Kapelle. Die beiden Pfeile zeigen die Position des Weißen Turms (links) und des Hinkelsturms an. – Zeichnung von Christian Häussler

steinernem Palas (Wohngebäude) und Bergfried errichtet. Daneben entstanden Stallungen und Wirtschaftsgebäude. Der vorhandene Bachlauf speiste den Burggraben. In unmittelbarer Nähe der Burg siedelten sich Mitglieder des ritterschaftlichen Adels an, die als Burgmannen die Bewachung und Verteidigung übernahmen und deshalb in der Burg selbst oder in ihrer Nähe wohnten. Als erste Burgmannen begegnen 1234 »*Drutdere miles in Darmestat*« und »*Conradus filius Henrici de Darmistat*«, außerdem noch ein Konrad von der Holzstraße. Aus der Erwähnung des »*miles*« und des Conradus, der seiner Namensgebung nach ebenfalls Ritter war, können wir erschließen, dass die Burg

BIOGRAFIE

DIE RITTER VON DARMSTADT
Sie waren ein niederadliges Geschlecht, das seinen Stammsitz in Darmstadt hatte und hiervon seinen Namen ableitete. Vermutlich seit der Mitte des 14. Jhs. standen sie als Burgmannen in Diensten der Grafen von Katzenelnbogen. Der erste namentlich bekannte Vertreter des Geschlechts ist Konrad von Darmstadt (1345–61 nachweisbar). Nach seinem Tod vermachte er allen Besitz seiner Tochter Wissele, die ihn ihrerseits 1362 dem Kloster Eberbach schenkte. Zehn Jahre später erwarb Wisseles Erbe Karl von Darmstadt, wohl ihr Sohn, die Güter wieder zurück. Er ist erstmals 1363 bezeugt und vor 1395 gestorben. 1357 werden ein Philipp von Darmstadt und sein verstorbener Vater Werner erwähnt. Um 1370 war Siebold von Darmstadt Lehensmann Graf Eberhards V. von Katzenelnbogen, ebenso wie 1445 Kunz von Darmstadt, vielleicht Siebolds Enkel. Inwieweit die genannten Adligen zu ein und derselben Familie gehören, ist aufgrund der Quellenarmut nicht zu ermitteln. Spätestens mit Kunz (Konrad), dessen Tod vor 1466 anzunehmen ist, sind die Ritter von Darmstadt ausgestorben.

zumindest so weit fertig gestellt war, dass man ihre Verteidigung organisierte. Im späten 13. und im 14. Jh. dienten auch die Herren von Frankenstein, die Ritter von Darmstadt, die Herren von Bellersheim, von Rödelheim, Kranich von Dirmstein u. a. als Burgmannen. Für ihren Burgdienst erhielten sie Besitz und Einkünfte in Darmstadt und Umgegend. Die Frankensteiner besaßen einen Hof an der südlichen Stadtmauer; auf dem Kellergewölbe eines Hofgebäudes erhebt sich heute das Pädagog, die 1629 gegründete älteste Höhere Schule Darmstadts. Henne Kranich von Dirmstein erhielt für seinen Burgdienst 1399 das Einsiedel-Rod am Messeler Weg und sorgte damit für die Ersterwähnung des heutigen Stadtteils Kranichstein.

Die Besatzung der Darmstädter Wasserburg kontrollierte die als Verkehrsweg viel genutzte Bergstraße und damit den Verkehr zwischen Heidelberg und Frankfurt. Dies steigerte die Bedeutung des jungen Ortes und führte zu einer Ausweitung der Siedlungstätigkeit. Neben dem älteren Oberdorf jenseits des Darmbachs, das sich wohl langsam und ungeordnet entwickelte, entstand im Laufe des 13. Jhs. als jüngere Siedlung, v. a. für die Burgmannen und sonstige Burgbedienstete, das Unterdorf südlich und südöstlich der Burg. Hier lag auch der älteste und lange Zeit einzige Platz der Stadt, der Marktplatz, der sich im Schutz der Wasserburg zum wirtschaftlichen Zentrum entwickelte. Das Unterdorf, das Ansätze einer planmäßigen Bebauung vom südlichen Stadteingang über den quadratischen Marktplatz zum Burgtor aufweist, erstreckte sich im Süden bis zum Gräberfeld samt Kapelle. Ober- und Unterdorf waren durch die Senke des Darmbachs zunächst noch deutlich voneinander geschieden, verbanden sich aber im Laufe des 14. Jhs. durch die sich verdichtende Bebauung und durch verbindende Straßenzüge. Die frühe Siedlungsentwicklung Darmstadts kann man daraus ableiten, dass noch im ausgehenden 16. Jh. der zentrale Platz und die Stadtkirche nicht wie üblich im Zentrum, sondern ganz am Rand der damaligen Stadt, fast an der sie umgebenden Mauer, lagen. Einen weiteren Hinweis liefert die Zahl von 14 Schöffen, die das 1362 erstmals erwähnte Darmstädter Schöffengericht aufwies. Die Gerichte der meisten Orte unserer Gegend zählen nur sieben, so dass das Darmstädter Gericht vermutlich aus der Zusammenlegung der Schöffen von Unter- und Oberdorf entstand.

Die soziale Scheidung der beiden Siedlungszellen – im Unterdorf um Marktplatz und Schloss herum lebten Burgmannen und Kaufleute in größeren repräsentativen Häusern, im Oberdorf Bauern und Handwerker – blieb im Prinzip bis ins 19. Jh. hinein erhalten. Neben Ackerbau, Handwerk und Burgdienst lebten die Einwohner vermutlich auch vom Handelsverkehr auf der Bergstraße und von den Reisenden, die hier eine Rast einlegten und ihre Pferde unterstellten. Der Marktplatz mit seinen Schirnen (Fleischbänken) und Verkaufsständen bildete für Jahrhunderte das Zentrum des geschäftlichen Lebens für Stadt und Umland. Die katzenelnbogischen Beamten lenkten die Geschicke der Obergrafschaft von der Burg aus.

Die größten Grundbesitzer im Ort waren neben den Mönchen des Klosters Eberbach die Grafen von Katzenelnbogen. Ihnen standen als Orts- und Gerichtsherren auch Gerichts-

Darmstadt um 1450: Die Mauer mit Wall und Graben ist vollendet, die Stadt vollständig bebaut. Südlich des Marktplatzes erhebt sich die gotische Stadtkirche. – Zeichnung von Christian Häussler

gebühren und -strafen sowie Steuereinnahmen aus Bede (Kopfsteuer), Zehnt (eigentlich kirchliche Abgabe), Ungeld (Weinsteuer) und aus Zöllen zu. Daneben hatten noch weitere adlige Grundherren Besitz und Einkünfte in Darmstadt, Bessungen und im südlich davon gelegenen, nur aus wenigen Gehöften bestehenden Weiler Klappach (vermutlich bereits im 15. Jh. aufgegeben; das Klappachdenkmal am Lossenweg und die Klappacher Straße erinnern daran): die Herren von Frankenstein und von Heusenstamm, von Ortenberg und von Auerbach, die Rabenold von Tannenberg, die Ritter von Darmstadt und von Reckershausen (bei Nieder-Ramstadt). Meist bestand der Besitz aus Lehen, die von den Grafen für

DAS MITTELALTERLICHE STADTBILD
Wir wissen nicht, wie Darmstadt zwischen der Ortsgründung in fränkischer Zeit und dem 16. Jh. ausgesehen hat. Es gibt keine Ansicht der Stadt oder eines Gebäudes aus dieser Zeit, die schriftlichen Quellen geben ebenfalls keinen Aufschluss. Die beiden ersten Stadtansichten von Wilhelm Dilich aus den Jahren 1591 und 1605 entsprangen zum Teil der Fantasie des Künstlers. Wir müssen also das Bild der mittelalterlichen Stadt durch Rekonstruktion auf der Grundlage noch vorhandener Bauwerke, v. a. der Stadtmauer, der Stadtkirche, des Schlosses, sowie aufgrund von Ausgrabungen und spärlichen schriftlichen Quellen gewinnen. 2005 haben der Zeichner und Grafiker Christian Häussler und der Autor dieser Zeilen versucht, die Topographie Darmstadts in fünf Zeitschnitten zeichnerisch zu rekonstruieren. Die erste und die letzte Ansicht, die den Ort zur Zeit der Gründung um 900 und am Ende der katzenelnbogischen Zeit (um 1450) zeigen, sind in den Abbildungen auf S. 23 und 26 zu sehen.

bestimmte Dienste – etwa Gefolgschaftsleistung, Bewachung einer Burg usw. – verliehen wurden. Reich begütert in Darmstadt, Bessungen und Umgebung war die weit verzweigte Familie der Herren von Wallbrunn, die im katzenelnbogischen Dienst aufstiegen. Ihr bedeutendster Vertreter, Hans Wallbrunn (1410–84), war seit 1438 Amtmann der Obergrafschaft.

Erhebung zur Stadt und katzenelnbogischen Residenz

Kaiser Ludwig der Bayer verlieh Graf Wilhelm I. von Katzenelnbogen zum Dank für treue Dienste am 23.7.1330 das Stadtrecht für seinen Ort Darmstadt. Dies bedeutete v. a. das Recht, eine Mauer zu errichten und einen Markt abhalten zu dürfen. Die in den folgenden Jahrzehnten entstandene Stadtmauer kennzeichnete den Umfang des Ortes bis zum Ende des 16. Jhs. Der Mauerring hatte eine Länge von etwa 2 km und bestand aus einer ca. 1 m dicken, bis zu 8 m hohen inneren Mauer mit Wehrgang und einer niedrigeren äußeren Mauer mit Zwinger-

Kaiser Ludwig der Bayer verleiht Graf Wilhelm I. von Katzenelnbogen am 23. 7. 1330 das Stadtrecht für Darmstadt, dazu das Recht, eine Mauer zu bauen sowie Wochen- und Jahrmärkte abzuhalten. – Faksimile der Urkunde B 3 Nr. 46 des Hessischen Staatsarchivs Darmstadt, angefertigt vermutlich für das Stadtjubiläum 1930

bereich; vorgelagert waren ein Graben mit Wall und Palisaden. Beide Mauern wurden an wichtigen Stellen durch Türme gesichert: die innere durch hohe Rund- oder Ecktürme, die äußere durch niedrigere Halbschalentürme. Der Hinkelsturm im Osten, der Weiße Turm im Westen sowie einige Halbschalentürme, u. a. am Kongresszentrum Darmstadtium, sind heute noch vorhanden. Die Wasserburg wurde in den Mauerring einbezogen, sodass man den Burgwall zur Stadt hin abtragen und durch Mauer und Torbau ersetzen konnte. Der Darmbach trat vom Kleinen Woog aus (heute Woogsplatz) an der Südost-Seite in die Stadt und floss entlang der Bachgasse und über den Marktplatz in den Wassergraben der Burg.

Die beiden Stadttore, das Arheilger Tor im Norden und das Bessunger Tor im Süden, gewährten Zugang zur Stadt. Als Straßenverbindung vom südlichen Tor Richtung Marktplatz und Burg entwickelte sich die Kirchstraße, während die Durchgangsstraße, die Bergstraße, in Nord-Süd-Richtung durch die (deshalb so genannte) Langgasse und die Obergasse östlich am Schloss vorbei führte und durch das Arheilger Tor die Stadt verließ. Rund um den Marktplatz und entlang der Kirchstraße bis zur Kirche lagen die Adelshöfe der Burgmannen und der fürstlichen Amtleute sowie die Häuser der wohlhabenden Bürgerfamilien, im Norden des Platzes befand sich das 1397 erstmals erwähnte Rathaus.

Innerhalb des Mauerrings lebten etwa 1.000 Einwohner. Unter- und Oberdorf waren mittlerweile zusammengewachsen, es fand sich aber noch viel unbebauter Raum in Form von Gärten und ausgedehnten Hofanlagen. Obwohl Darmstadt als Handelsplatz seit der Stadtrechtsverleihung eine Mittelpunktfunktion erfüllte, bewahrte es den Charakter einer Ackerbürgerstadt, deren Bewohner hauptsächlich von der Landwirtschaft und vom Weinanbau lebten. Dennoch verfügte es am Ende des 14. Jhs. mit Stadtmauer, eigenem Rechtsbezirk, Markt und Schöffengericht über alle zentralörtlichen Funktionen einer mittelalterlichen Stadt. Eine eigentliche Stadtverwaltung gab es noch nicht, die alte Dorfverfassung mit dem Schultheißen als Vertreter des Landesherrn an der Spitze, der mit Hilfe eines Schöffenkollegiums die Geschicke Darmstadts leitete, bestand fort. Es fällt auf, dass sich keine Klöster ansiedelten, ebenso wenig gab es Stadthöfe von Klöstern, die hier Grundbesitz hatten und Abgaben erhielten. So hatten neben Kloster Eberbach auch die Nonnen des Zisterzienserinnenklosters Patershausen (südlich von Heusenstamm) Besitz in Darmstadt und Umgebung, aber keine Niederlassung in der Stadt. Die Abgaben aus Eberbacher Besitz mussten die Darmstädter nach Gehaborn bringen, die Patershäuser Abgaben vermutlich nach dort oder zur Burg Dreieichenhain, wo Patershausen einen Wirtschaftshof besaß.

Neben der Stadtmauer avancierte auch die Wasserburg nach 1350 zur Großbaustelle. Nachdem Graf Wilhelm II. von Katzenelnbogen seiner Gattin Else von Hanau im Jahr 1355 Darmstadt als Witwensitz zugestanden hatte, wurden die Burg für eine standesgemäße Hofhaltung ausgebaut, der Palas vergrößert, östlich davon der in Fachwerk ausgeführte »Hölzerne Bau« mit Frauengemächern und die 1377 geweihte Burgkapelle errichtet. Seit der Mitte des 14. Jhs. gewann Darmstadt den Charakter einer Residenzstadt. Die Anzahl der Fürstenaufenthalte stieg, mehr und mehr Urkunden wurden hier ausgestellt. Voraussetzung der Residenzwerdung war auch eine entsprechende kirchliche Versorgung, eine repräsentative Pfarrkirche, die sich ggf. als Grablege des Herrschergeschlechts eignete. Und in der Tat stand die Erhebung der Darmstädter Marienkapelle zur Pfarrkirche durch Erzbischof Gerlach von Mainz im Jahr 1369 in unmittelbarem Zusammenhang mit der erstmaligen Nutzung der Burg als Residenz. Die nunmehrige Marienkirche wurde bis etwa 1380 erweitert, möglicherweise neu gebaut; zwischen 1420 und 1440 erfolgte ein weiterer Ausbau.

1375 überschrieb Wilhelm seiner Frau die Darmstädter Burg mit dem dortigen Bücher- und Silberschatz. Else nahm nach dem Tod ihres Mannes 1385 ihren Wohnsitz in Darmstadt und begründete eine fürstliche Hofhaltung. Nach ihrem Tod, nach 1396, wurde sie vermutlich in der Marienkirche bestattet. Auch danach diente das Schloss weiterhin als temporäre Residenz, v. a. für die jeweiligen Thronfolger der Grafen mit ihren Familien. Die Burg wurde dafür ab 1400 mehrfach ausgebaut und ist seit dieser Zeit als Schloss zu betrachten. Es gab Holztäfelung in den Stuben und Kammern, Kachelöfen in den größeren Räumen und Glasscheiben in den Fenstern. Hier fand 1422 die Hochzeit des Grafen Philipp d. Ä. mit Anna von Württemberg statt. Diese Ehe führte die damals reichsten Grafenhäuser des Reiches zusammen. Es gab ein glänzendes Fest, die Braut fuhr sechsspännig vor, die Aussteuer war vom Feinsten. Nachdem Philipp 1444 die Regierung übernommen hatte und nach Rheinfels übergesiedelt war, diente Darmstadt ab 1449 erneut als Residenz für den Thron-

DIE RECHNUNG VON 1401
Einen umfassenden Einblick in die Einkünfte der Grafen von Katzenelnbogen in Darmstadt, Bessungen und Klappach gewährt die älteste erhaltene Rechnung der Obergrafschaft aus dem Jahr 1401. Sie verzeichnet alle Geld- und Naturaleinnahmen sowie -ausgaben und gibt so einen Einblick in die gräfliche Eigenwirtschaft. Demnach bewirtschafteten die Katzenelnbogener in Darmstadt einen großen Hof in Eigenbau; damit verbunden waren einige Hofstellen zu Bessungen. In den Rechnungen des frühen 14. Jhs. hatte der Darmstädter noch zu den kleineren Höfen gezählt, woran sich die wachsende Bedeutung als Residenz ablesen lässt.
Von besonderem Interesse sind die Ausführungen der Rechnung über den Weinbau. Der Graf erhielt zu Weihnachten und im Mai Bannweingeld (eine Abgabe auf jedes Fass abgefüllten Weins, auch Ungeld genannt), außerdem 12 Fuder Wein (1 Fuder = 1.092 Liter) von den eigenen Weinbergen zu Darmstadt und Bessungen. Ausgaben erfolgten für Arbeiten im Weinberg: für das Schneiden der Reben, das Setzen der Pfähle, die Lese, für Frauenarbeit (!), für das Keltern, das Herstellen der Fässer. Interessant ist, dass die Arbeiten offensichtlich von Tagelöhnern, v. a. Frauen, und nicht in Fron von den Stadtbewohnern verrichtet wurden. Von großer Bedeutung für die Darmstädter Geschichte ist die Rechnung auch deshalb, weil sie viele Flurnamen erstmals nennt.

folger Philipp d. J. und seine Frau Ottilie von Nassau, die ein glänzendes Hofleben entfalteten. Erneut erfolgte ein groß angelegter Umbau des Schlosses. Auf der Westseite der Burg wurden ein Vorwerk angelegt sowie ein neuer Turm mit Helm und Uhrwerk errichtet. Ein drittes Stadttor im Winkel zwischen Schloss und Marktplatz gewährte erstmals einen Ausgang in westliche Richtung. Durch die erhaltenen Rechnungen sind viele Details des damaligen Hoflebens belegt. Zu Hoffesten traten regelmäßig eigene und fahrende Musiker auf, ein »weiser Narr« und ein »Zwerg« gehörten als Hofnarren dazu.

Verwaltung und städtisches Leben im Spätmittelalter

Darmstadt und seine Bürgerschaft profitierten von der dauernden Anwesenheit der Grafenfamilie und von deren legendärem Reichtum. Anlässlich einer Altarstiftung durch Johann IV. für die Pfarrkirche 1419 sorgte dieser auch für die Stiftung einer Schule, der ersten, von der wir in Darmstadt hören. Die Grafen erließen Gewerbeordnungen, z. B. für Bäcker und Metzger, Belege für ein aufstrebendes Wirtschaftsleben. Vom wachsenden Organisationsgrad und auch von gesteigertem Selbstbewusstsein der Stadtgemeinde zeugt die erstmalige Nutzung eines eigenen Stadtsiegels, das zwischen 1420 und 1450 geschaffen wurde.

Ursprünglich war das 1362 erstmals erwähnte Darmstädter Schöffengericht für die niedere und freiwillige Gerichtsbarkeit im Bereich der Gemarkung zuständig, also für Beurkundungen von Testamenten, Heiraten, Kaufverträgen, für Beleidigungsklagen, Steuervergehen, auch für Feld- und Forstfrevel. Daneben erledigte es zunehmend lokale Verwaltungsaufgaben, wie die Steuereintreibung und die Aufnahme von Neubürgern. An der Spitze des Gerichts, das vermutlich auf dem Marktplatz vor dem Rathaus tagte, stand der vom Stadtherrn ernannte Schultheiß. In der ersten Hälfte des 15. Jhs. bildete sich aus dem Schöffengericht ein Ratsgremium, das die Angelegenheiten der Stadtverwaltung an sich zog, die städtischen Ämter besetzte und das Schöffengericht mit dem Schultheißen auf seine gerichtlichen Funktionen beschränkte. Beide Gremien waren lange Zeit personengleich. Die Schöffen und Ratsherren wurden auf Lebenszeit bestellt und ergänzten sich meist aus den eigenen Reihen. In ihnen erkennen wir die Vertreter einer städtischen Oberschicht von begüterten Kaufleuten, Gewerbetreibenden und Vertretern des städtischen Adels, die sich vermutlich mit der Besiedlung des Unterdorfs im späten 13. und 14. Jh. herausgebildet hatte.

Die Rats- und Schöffenfamilien bildeten einen abgeschlossenen Zirkel, was zu Auseinandersetzungen mit der übrigen Bürgerschaft führte. Deshalb wurden wichtige Ämter, etwa die Bürgermeister, die Rechner oder die Weinmeister, doppelt besetzt: Einen wählte die Gemeinde, den anderen der Rat. Außerdem bestimmte die Bürgerschaft die vier Letzmeister. Seit dem Mauerbau war die Stadt eingeteilt in vier Letze (Stadtviertel): die Planletz um den Marktplatz, die Arheilger Letz im Norden, die Hundstaller Letz im Osten und die Bessunger Letz im Süden. Ursprünglich waren die Letze für die Verteidigung jeweils eines Abschnitts der Stadtmauer zuständig. Später dienten sie auch als Steuerbezirke und für Zwecke der Verwaltung. Weitere städtische Bedienstete, wie Nachtwächter, Flurschütze, Kuh- und Schweinehirten, Waldförster, Pförtner und Torwächter, Mehlwieger, Marktmeister und Steinsetzer, können wir erst mit den reicher fließenden Akten und Urkunden des späten 16. Jhs. feststellen. Sie dürften aber schon existiert haben.

Einen Überblick über die Darmstädter Einwohnerschaft im 15. Jh. liefert uns ein Steuerregister aus dem Jahr 1426 zur Erhebung einer Sondersteuer für alle Orte der Obergrafschaft. Was für die damaligen Einwohner eine große Belastung bedeutete – jeder in der Liste Geführte musste den 10. Teil seiner Einkünfte entrichten –, ist für uns ein großer Glücksfall der Überlieferung, liegen uns doch in diesem Register nicht nur die Namen aller Darmstädter Familien der Zeit vor, sondern wir können daneben etwas über Größe, Einwohnerzahl und Wirtschaftskraft der Stadt erfahren. Die Liste nennt 214 Namen von Haushaltsvorständen, meist Männer, aber auch einige Frauen, offensichtlich Witwen. Man rechnet für das Spätmittelalter mit einer Haushaltsgröße von etwa fünf Personen einschließlich des Gesindes; hinzu kam eine kleine Zahl von Tagelöhnern und sonstigen armen Leuten, die kein Vermögen besaßen und demzufolge nicht in der Liste erschienen. Daraus ergibt sich für Darmstadt eine Einwohnerzahl von knapp 1.100 Personen. Obwohl aufblühende Residenzstadt, stand es mit einer Steuersumme von 1.224 fl (Gulden) nur an zweiter Stelle. Groß-Gerau, der alte Vorort des Königshofes, lief Darmstadt mit 263 Haushalten und 1.435 fl Steuer auch im 15. Jh. noch den Rang ab. An dritter Stelle folgte Arheilgen mit 864 fl, die von 167 Steuerzahlern erhoben wurden.

Aus dem erheblichen Unterschied der Steuersummen kann man das enorme wirtschaftliche Gefälle innerhalb der Darmstädter Gesellschaft ermessen. Es verwundert nicht, dass der gräfliche Schultheiß Peter von Ruppertshofen, gewissermaßen der kommunale Spitzenbeamte, mit 40 fl die höchste Summe aufzubringen hatte. Auf den nächsten Rängen folgen Vertreter der Familien, die man regelmäßig unter den Gerichtsschöffen findet und die man deshalb zu den »Honoratioren« zählen darf, z. B. Klaus Gelzenleuchter (23 fl) und Contz Fleck (20 fl). Die meisten Steuersummen bewegten sich zwischen einem halben und 9 fl, nur knapp 20 von den 214 Steuerpflichtigen zahlten 11 fl oder mehr. Der »Neue Schäfer« und Hans der Pförtner z. B. brauchten nur rund ½ fl aufzubringen. Dagegen konnte Konrad, der Büttel, der als Polizeidiener wohl kein ganz schlechtes Salär empfing, 6 fl zahlen. Im Darmstadt des 15. Jhs. lebte demnach eine kleine Schicht von wohlhabenden Adligen und Bürgern, während die Masse der Bewohner und Bewohnerinnen nur geringen Verdienst erzielten. Sie lebten in der Regel von Ackerbau, Viehzucht (v. a. Schweine und Schafe) und vom Weinbau, auch viele Handwerker betrieben nebenbei Landwirtschaft, um ein Auskommen zu haben. Mit Sicherheit waren Schmiede, Bäcker, Metzger, Zimmerleute und andere für das Wirtschaftsleben der Stadt notwendige Berufe ansässig, wir kennen kaum mehr als einige ihrer Namen, ebenso von den sicher zahlreichen Gastwirten und Weinzapfern, die schon alleine wegen des regen Fuhr- und Handelsverkehrs ihre Existenz sichern konnten. Zünfte haben sich während des Mittelalters nicht gebildet.

Während das Schöffengericht für die niedere und freiwillige Gerichtsbarkeit zuständig war, wurden Prozesse der höheren oder Blutgerichtsbarkeit, die auch die Vollstreckung der Todesstrafe umfassten, vor dem Zentgericht verhandelt. Die Zenten entstanden im 12. oder 13. Jh. wohl im Zusammenhang mit Neuerungen der Rechtspflege. Darmstadt und Bessungen bildeten eine gemeinsame Zent, eine von acht in der Obergrafschaft. Die Zentschöffen rekrutierten sich aus denen der zentangehörigen Orte; in unserem Fall bestand das Gericht aus 14 Darmstädter und 7 Bessunger Schöffen. Den Vorsitz hatte meist der Amtmann als oberster Verwaltungsträger der Grafen von Katzenelnbogen oder der Landschreiber als oberster Finanzbeamter. Neben den gerichtlichen Funktionen waren die Zenten für die Musterung des Aufgebots wehrfähiger Männer zuständig, hatten aber auch in allen überörtlichen Angelegenheiten die Verfügungen des Landesherrn oder seiner Vertreter durchzusetzen. Gerichtsprotokolle sind seit dem frühen 15. Jh. überliefert; Todesurteile sind dabei eher selten dokumentiert. Am 14.8.1469 wurde Werner von Königstein wegen Diebstählen, die er u. a. am Heiligen Kreuz (östlich von Darmstadt) begangen hatte, zum Tode durch den Strang verurteilt und hingerichtet. Auch am 10.4.1483 und am 4.5.1486 starben Diebe durch den Strang. Die Hinrichtungsstätte befand sich auf dem Galgenberg zwischen Darmstadt und Bessungen, dem heutigen Wolfskehlschen Garten.

Landstadt in der Landgrafschaft Hessen (1479–1567)

Niedergang und wirtschaftliche Not

Darmstadt stand zu Beginn der 1450er-Jahre ohne Zweifel eine glänzende Zukunft als Residenzstadt bevor. Aber der plötzliche Tod Graf Philipps d. J. mit noch nicht 30 Jahren im Februar 1453 bereitete der eigenständigen Hofhaltung und der gut 60-jährigen Epoche als Nebenresidenz schlagartig ein Ende. Darmstadt war nur noch Verwaltungszentrum der Obergrafschaft Katzenelnbogen. Die Amtleute und Landschreiber bestimmten jetzt das Geschehen. Das Schloss hatte seinen Residenzcharakter verloren, das städtische Gewerbe eine wichtige Einnahmequelle. Als Graf Philipp d. Ä. 1479 ohne männliche Erben starb, fiel seine gesamte Grafschaft an die in Marburg, später in Kassel residierenden Landgrafen von Hessen. Die Obergrafschaft Katzenelnbogen bildete weiterhin einen selbstständigen Verwaltungsbezirk mit Darmstadt als Hauptstadt, alte Rechte blieben im Wesentlichen unangetastet und die katzenelnbogischen Beamten im Amt. Immerhin erhielten die Darmstädter und Bessunger, als sie am 16.8.1479 dem neuen Landesherrn huldigten, vom Kammerschreiber 5 fl zum Vertrinken.

Allerdings merkten die Bewohner der Obergrafschaft bald, dass sie nun nicht mehr in der Nähe einer Residenz wohnten, sondern ganz an den Rand eines viel größeren Territoriums geraten waren. Die Landgrafen vernachlässigten ihr am weitesten von Kassel entferntes Herrschaftsgebiet. Schlaglichtartig beleuchtet wird dies durch die Verhandlungen über die Hochzeit Landgraf Wilhelms III. von Hessen mit Elisabeth, der Tochter des Kurfürsten Philipp von der Pfalz, die 1498 prunkvoll in Frankfurt begangen wurde. Elisabeth wurden als Wittum u. a. Schloss und Stadt Darmstadt mit Bessungen zugewiesen. Da Wilhelm 1499 tödlich verunglückte, sollte Elisabeth bereits 1500 ihr Wittum beziehen. Beinahe wäre sie also neue

Landgraf Philipp der Großmütige von Hessen. – Porträt nach einem Stich von Johan Dürr, 1567

Darmstädter und Bessunger Ortsherrin geworden, wenn sie sich nicht geweigert hätte, das Schloss zu beziehen, weil es ihr als Witwensitz in diesem Zustand nicht zuzumuten sei. Zwar wurde in der Tat die dringende Renovierungsbedürftigkeit 1501 durch Gutachter festgestellt, zu Baumaßnahmen kam es aber nicht, weil Elisabeth bereits Anfang 1503 Markgraf Philipp von Baden heiratete und damit ihr Witwensitz wegfiel.

Über den Zustand der Obergrafschaft nach einigen Jahrzehnten hessischer Herrschaft sind wir durch zwei Visitationsreisen informiert, die landgräfliche Beamte 1514 und 1525 durchführten. Die von ihnen notierten Klagen der Bewohner drehten sich um materielle Dinge wie Steuern, Eigentums- und Rechtseinschränkungen, Weide- und Holzgerechtigkeiten, v. a. die ausufernden Frondienste. Viele Klagen aus Darmstadt und Bessungen galten der Einschränkung durch die Amtleute, welche die Nutzung der Markwälder durch die Markgenossen und den freien Schweinetrieb zur Eichelmast behinderten. Beschwerden betrafen aber auch die große Rechtsunsicherheit und

Schutzlosigkeit. Raubritter überzogen das Land mit Fehden, die Straßen wurden durch Räuberbanden unsicher gemacht. Hier wurde die missliche Lage der Landesverteidigung in den von Althessen so weit entfernten Gebieten deutlich. Eine berittene Truppe zum Schutz des Landes gab es nicht, Burgen, Stadtmauern und sonstige Verteidigungswerke waren schadhaft oder gar verfallen. Die Darmstädter Bürger beklagten finanzielle Einbußen, weil man auf eigene Kosten die stark beschädigte Stadtmauer reparieren solle, obwohl dies Sache der Regierung sei. Außerdem mussten sie Pforten- und Wachtgeld zahlen, obwohl sie den Wachtdienst selbst zu organisieren hatten.

Es bereitete der Regierung offensichtlich große Probleme, die Verwaltung und Instandhaltung der vom Regierungssitz so weit entfernten Grafschaft unter Kontrolle zu halten – ein Bote brauchte im günstigsten Fall zwei bis drei Tage, ein Transport eine Woche. Immerhin wurde Darmstadt auf mehrfaches Nachsuchen das alte Recht, Wochen- und Jahrmärkte zu veranstalten, durch Landgraf Philipp den Großmütigen (1504–67) mit Privileg von 1529 erneut bestätigt, nachdem die Bürger zuvor Gehorsam gegenüber dem Landesherrn gelobt hatten. Eine mit einem Bederegister aus dem Jahr 1517 vorliegende Einwohnerliste nennt 224 Namen und belegt, dass sich Darmstadt in den rund 90 Jahren seit 1426 kaum entwickelt hatte: Nach wie vor lebten etwa 1.100 Menschen in der Stadt.

Belagerungen und Zerstörungen

Wie notwendig eine funktionierende Landesverteidigung war, bekamen die Einwohner der Obergrafschaft mehrfach zu spüren, denn sie wurden zwangsläufig in die außenpolitischen Händel der hessischen Landgrafen hineingezogen, die ihre neugewonnene Macht nutzten, um in der großen Politik mitzureden. 1518 überzog der Reichsritter Franz von Sickingen, der sich zum Parteigänger des hessischen Ritteradels gegen die landgräfliche Regierung machte, die Obergrafschaft mit Krieg. Nachdem er Griesheim, Pfungstadt, Eschollbrücken, Arheilgen und Bessungen geplündert hatte, belagerte er im September

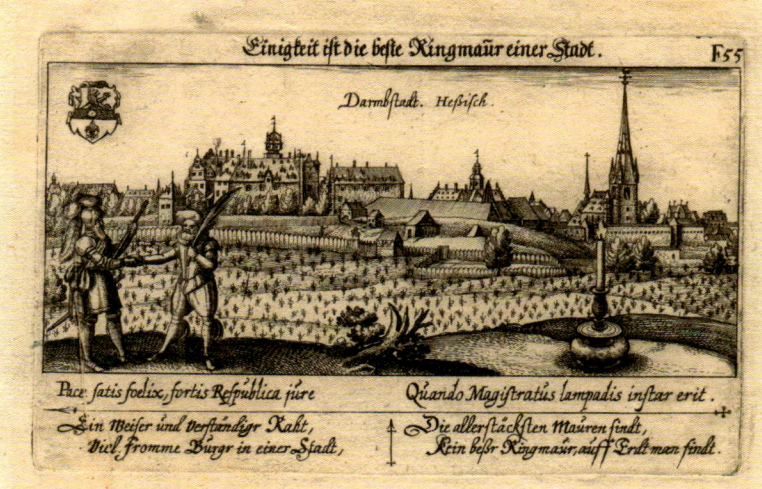

Stadtansicht aus Daniel Meissners Schatzkästlein, 1626; die Ansicht zeigt die Darmstädter Stadtkirche mit dem gotischen Turm im Zustand des 16. Jhs.

1518 Darmstadt und beschoss die Stadt mit Kanonen. Viele Gebäude und auch der Kirchturm erlitten Beschädigungen. Nach zweiwöchiger Belagerung zog er gegen Zahlung von 35.000 fl Brandschatzung wieder ab. Der zu Sickingens Unterstützung bis Groß-Umstadt herangerückte Götz von Berlichingen brauchte nicht mehr einzugreifen. Landgraf Philipp der Großmütige rächte sich für die erlittene Schmach im Ritterkrieg 1522/23, als er an der Spitze eines von mehreren Fürsten zusammengestellten Heeres Sickingen und andere aufständische Mitglieder der rheinischen Ritterschaft in ihren Burgen belagerte, wobei Sickingen im Mai 1523 ums Leben kam.

Bereits 1519 wurde der Wiederaufbau des bei der Beschießung von 1518 erheblich beschädigten Schlosses in Angriff genommen. Es muss zumindest so weit wiederhergestellt worden sein, dass in den folgenden Jahren vornehme Gäste häufiger dort logieren konnten. So sind 1524, 1534, 1540 und 1546 Besuche Philipps des Großmütigen und weiterer Fürsten belegt. Von einer Residenz kann man jedoch nicht sprechen. Neben dem Schloss wurde auch die 1518 in Mitleidenschaft gezogene Pfarrkirche wiederhergestellt. Die Bauarbeiten konnten erst 1529 mit der Rekonstruktion des Turms abgeschlossen werden. In der Zwischenzeit hatte die Reformation aus der katholischen Marienkirche die evangelische Stadtkirche gemacht.

Die Reformation

Philipp der Großmütige hatte Martin Luther auf dem Reichstag von Worms 1521 kennengelernt. 1524 wandte er sich selbst dessen Lehren zu, wohl beeinflusst durch Luthers Vertrauten Philipp Melanchthon. 1526 beschloss der Reichstag in Speyer, dass jeder Reichsstand in Glaubenssachen so entscheiden könne, wie er es gegenüber Gott und dem Kaiser zu verantworten vermochte. Daraufhin berief Philipp eine Versammlung geistlicher und weltlicher Würdenträger nach Homberg an der Efze – auch Vertreter aus Darmstadt waren anwesend. Die Versammlung verpflichtete im Oktober 1526 alle hessischen Pfarrer, das Evangelium nach der Lehre Luthers zu predigen. Der Abendmahlswein sollte ab jetzt auch den Gläubigen im Gottesdienst gespendet werden, Heiligenverehrung, Wallfahrten, Prozessionen und der Zölibat wurden abgeschafft. 1538 führte Landgraf Philipp auf Anraten des Reformators Martin Bucer in Hessen als erstem Land die Konfirmation ein.

Noch während des Reichstags zu Speyer, am 21.8.1526, schrieb Philipp an Bürgermeister und Rat in Darmstadt, dass er an Stelle des katholischen Pfarrers den Prediger Nikolaus Maurus als ersten evangelischen Pfarrer in der Stadt eingesetzt habe. Die katholische Marienkirche wurde nun zur evangelischen Stadtkirche. Der Hochaltar blieb erhalten, die Einkünfte gehörten dem neuen Pfarrer. Die anderen Altäre wurden beseitigt, ihre Einkünfte für den Unterhalt evangelischer Pfarrer, für die 1527 gegründete Universität in Marburg, für die Unterstützung armer Studenten sowie für andere wohltätige Zwecke verwendet. Zu zwei Altären, dem Heilig-Kreuz- und dem Martinsaltar, gehörten Prozessionskapellen, die Kapelle zum Hl.

Kreuz an der Dieburger Straße und die Martinskapelle am Herrgottsberg bei Bessungen, die man beide auf Abriss versteigerte.

Von Darmstadt aus wurde die Reformation in der gesamten Obergrafschaft verbreitet. Nach etwa drei Jahren war bereits die Hälfte der Pfarreien für die neue Konfession gewonnen. 1527 wurden in Arheilgen, 1535 in Bessungen und 1538 in Wixhausen Pfarrer eingesetzt. Die katholischen Frankensteiner ließen sich nur durch Gewaltandrohung dazu bringen, 1542 einen lutherischen Pfarrer in Eberstadt einzusetzen. Wie die Darmstädter auf die Einführung der Reformation reagierten, ist leider nicht überliefert.

Mit der Reformation einher ging auch die Einführung bzw. Reorganisation des Schulwesens. In allen Orten sollten die Knaben in den Elementarlehren unterrichtet, aber auch auf das Studium an der neu gegründeten Universität zu Marburg vorbereitet werden. Die Lehrer waren fast ausschließlich Geistliche, die Schulaufsicht und Trägerschaft lag bei der Kirche. Die 1526 neu gegründete Darmstädter Schule erhielt die Einkünfte von zwei aufgelösten Altären der Stadtkirche, ein ehemaliges Wohnhaus hinter der Kirche wurde als Schulhaus genutzt.

Auch die Begräbniskultur in Darmstadt wandelte sich mit der Einführung der Reformation. Im Mittelalter waren die Gläubigen darauf bedacht, im Tode Gott und seiner Kirche möglichst nah zu sein und bei den Reliquien der Heiligen, d. h. in oder zumindest nahe der Kirche bestattet zu werden. Deshalb lag der älteste Darmstädter Friedhof um die Kirche herum. Die Reformation lehnte die Rolle der Heiligen als Vermittler für das Seelenheil ab und stellte die Hinterbliebenen mehr ins Zentrum des Trauerkults. Sie sollten auf dem Friedhof der Toten gedenken, was auf dem engen Darmstädter Kirchhof nicht möglich und aufgrund der hygienischen Verhältnisse auch nicht anzuraten war. So verlegte man in den 1570er-Jahren den Begräbnisplatz vor die Mauern, an den heutigen Kapellplatz, wo er bis 1828 bestand. In unmittelbarem Zusammenhang mit dem Aufbau und der Ordnung der evangelischen Kirche stand auch die Gründung einer staatlichen Armenfürsorge in Hessen, für die durch Auflösung von Klöstern, Kirchen und Altären freiwerdende Einkünfte und Vermögenswerte verwendet wurden. Dem für die Obergrafschaft 1535 errichteten Hospital Hofheim wurden Einkünfte in vielen Orten zugewiesen, darunter in Darmstadt und Bessungen.

Die schlimmste Katastrophe des unruhigen 16. Jhs., die Darmstadt noch bevorstand, hing ebenfalls eng mit der Reformation zusammen. Auslöser war die seit 1530 immer heftiger werdende Frontstellung protestantischer Reichsfürsten gegen die katholischen Fürsten sowie den ebenfalls streng katholischen Kaiser Karl V. Die evangelische Fürstenopposition vereinigte sich im sog. Schmalkaldischen Bund, dessen Anführer Landgraf Philipp der Großmütige von Hessen war. Als die Auseinandersetzung um die rechte Religion im »Schmalkaldischen Krieg« eskalierte, wurde Landgraf Philipp für seine Teilnahme am Aufstand gegen den Kaiser bestraft. Der kaiserliche General Maximilian von Büren erschien am 21.12.1546 mit 3.000 Reitern und 6.000 Mann Fußvolk vor Darmstadt, das im Wesentlichen von den Bürgern und von 400 Bauern aus den umliegenden Dörfern verteidigt wurde. Am 24. Dezember gelang es den Angreifern, die Arheilger Pforte im Norden aufzubrechen und die Stadt zu erobern. Am Ersten Weihnachtstag wurde das Schloss abgebrannt. Die Stadt versuchten die kaiserlichen Truppen ebenfalls anzuzünden, es brannten aber nur wenige Gebäude ab. Berichte über Opfer gibt es nicht, jedoch sank die Zahl der Bürger 1546/47 von 197 auf 176, die Zahl der Witwen stieg von 20 auf 45. Von den Zerstörungen des Jahres 1546 erholte sich der Ort nicht so bald. Noch schlimmer wirkte sich aber die Brandschatzung von 8.000 fl aus, mit der von Büren Darmstadt und Bessungen gemeinsam belegte und die die Wirtschaftskraft beider Orte auf Jahre hinaus empfindlich schwächte.

Darmstadt als Residenz Landgraf Ludwigs IV.

Am 19.6.1547 musste sich Landgraf Philipp von Hessen in Halle Kaiser Karl V. unterwerfen und saß fünf Jahre in Haft. Nach seiner Entlassung 1552 kümmerte er sich im Wesentlichen nicht mehr um die große Politik, sondern um den Aufbau seines Landes. Davon profitierte auch Darmstadt. Ab etwa 1555 sind Bemühungen erkennbar, seine Wirtschaftskraft zu stärken und auch das Schloss wiederaufzubauen – vermutlich, weil Philipp die Stadt als Residenz für seinen Sohn Ludwig vorgesehen hatte. Der Besuch König Ferdinands I. im März 1558 auf der Reise von Frankfurt nach Württemberg kann wohl als Zeichen gewisser Baufortschritte gedeutet werden.

Der eigentliche Wiederaufbau des Schlosses in den Jahren 1560–64 fällt in die Zeit der Statthalterschaft Ludwigs IV., dem Darmstadt 1560 übertragen wurde und der hier 1563–67 dauerhaft residierte. Dass das Schloss 1562 noch nicht »residenzfähig« war, zeigt ein Schreiben vom 21. Mai des Jahres, in dem er seinem Vater Philipp dankt, dass er ihm die Ämter Darmstadt, Zwingenberg und Auerbach verschrieben habe. Was die Behausung in Darmstadt betreffe, so gebe es dort zwar fürstliche Gemächer, aber keine Stuben und Kammern für den Hofstaat und die Dienerschaft. Als Ludwig ein Jahr später zusammen mit seiner Frau Eleonore von Württemberg Einzug hielt, hat er wohl als erstes einen neuen Kanzleibau errichtet, der 1564 fertig war, um dort seine Verwaltung unterzubringen.

Ludwig gedachte offensichtlich, sich länger im Schloss einzurichten. Die Maßnahmen, die er ergriff, waren auf längerfristige Wirkung ausgerichtet. In Darmstadt gab es eine durchgehende, voll ausgestattete Hofhaltung. Die Hofküche war für die Verpflegung vieler adliger Gäste zuständig, aber auch für zahlreiche Boten und Amtleute, die in der Stadt zu tun hatten. Im Auftrag Ludwigs IV. betrieb Amtmann Johann von Rensdorf die dauerhafte Sicherung von Einkünften aus dem Darmstädter Wald für die landgräfliche Kasse, was zu einem heftigen Streit mit Bürgermeister und Stadtrat führte. Im Ausgleich dazu förderte Ludwig jedoch auch die städtische Wirtschaft, v. a. durch Erlass einer neuen Handwerks- und Gewerbeordnung im Jahr 1565, in der gewerbliche Leistungen, Preise und Löhne für Handwerker, Gastwirte, Tagelöhner und Dienstboten festgelegt wurden. Die detaillierten Regeln für Bauhandwerker deuten auf die zunehmende Bautätigkeit in der Stadt hin.

In diesen Zusammenhang gehört auch die Einführung zweier neuer städtischer Ämter, des Marktmeisters und des

BIOGRAFIE

DIE DOPPELEHE PHILIPPS DES GROSSMÜTIGEN

Die hessische Geschichtsforschung hat Philipp dem Großmütigen häufig vorgeworfen, dass er seine Landgrafschaft zu einem der mächtigsten deutschen Territorien ausgebaut und durch alle Kriege unversehrt und ungeschmälert erhalten, diesen Erfolg aber wenige Jahre später selbst torpediert und Hessen aufgeteilt habe. Auslöser war seine Doppelehe: Philipp, verheiratet mit Christina von Sachsen und mit vier Söhnen gesegnet, ging 1542 aus nicht zu rekonstruierenden Gründen eine zweite Ehe mit Margarethe von der Saale ein, aus der sieben weitere Söhne entsprangen. Er musste also für zwei Ehefrauen und insgesamt elf Söhne sorgen, wobei sich die Stiefbrüder spinnefeind waren. In den 1550er-Jahren forderte Margarethe für ihre Söhne eine standesgemäße Versorgung, die Philipp ihnen schließlich durch Verleihung hessischer Ämter gewährte. Seine dadurch aufgebrachten Söhne aus erster Ehe konnte er nur beschwichtigen, indem er unter Aufgabe der ursprünglich geplanten Primogenitur seine Grafschaft durch vier teilte und damit sein selbst aufgebautes Lebenswerk zerschlug.

Im Grunde verdankt Darmstadt seine wiedererlangte Funktion als Haupt- und Residenzstadt der fatalen Nebenehe Philipps. Deshalb hat man ihn hier ebenso geehrt wie seinen Sohn Georg I. Nach beiden sind Straßen benannt und beide erhielten 1845 durch die Kunst Johann Baptist Scholls würdige Denkmäler, die leider an ihrem heutigen Platz in der Schlossdurchfahrt kaum Beachtung finden.

Mehlwiegers, im Jahr 1566, wohl um den Marktbetrieb besser zu organisieren und zu überwachen. Ebenfalls 1566 begann die Stadt mit dem Bau eines neuen Rathauses an der Südseite des Marktplatzes, mit steinernem Untergeschoss, zwei Fachwerkgeschossen und zwei Erkern. Initiator des 1569 fertiggestellten Gebäudes war nicht etwa die Bürgergemeinde, sondern die landgräfliche Regierung, der also anscheinend auch an einer Stärkung der städtischen Verwaltung lag. Insgesamt kann man zwischen 1563 und 1567 einen allgemeinen Konjunkturaufschwung feststellen.

Haupt- und Residenzstadt der Landgrafschaft Hessen-Darmstadt

Residenzgründung und Stadtausbau unter Georg I.

Am 31.3.1567 starb Philipp der Großmütige, sein letztes Testament erlangte Gültigkeit und sein Sohn Ludwig IV. ging nach Marburg, um dort die Herrschaft als Landgraf von Hessen-Marburg anzutreten. Am 15.7.1567 ritt sein Bruder, der neue Herrscher Georg I. (1547–96), mit kleinem Gefolge in Darmstadt ein. Er, der erste Landgraf von Hessen-Darmstadt, begründete die hessische Nebenlinie, die das Land bis 1918 regierte und erst 1968 bzw. 1997 mit dem Tod von Prinz Ludwig und Prinzessin Margaret erlosch. Georg legte den Grundstein für den glänzenden Aufstieg, den Hessen-Darmstadt und seine Hauptstadt in den folgenden Jahrhunderten nehmen sollten. Dabei hatte er nur ein Achtel der gesamten Landgrafschaft Hessen geerbt, nämlich die Obergrafschaft Katzenelnbogen mit fünf Ämtern, 78 Orten und rund 21.000 Bewohnern, davon knapp 1.500 in der Hauptstadt. Sein Herrschaftsgebiet reichte von Rüsselsheim und dem Untermain bis nach Bensheim-Auerbach und vom Rhein bis in den vorderen Odenwald. Für dieses unterentwickelte Gebiet, das in den vergangenen 80 Jahren fast in der Bedeutungslosigkeit versunken war, wirkte sich die Landesteilung positiv aus. Von nun an prägten der ständig präsente Hof, die Beamtenschaft und v. a. der neue Landesherr entscheidend die soziale, wirtschaftliche und kulturelle Entwicklung des Landes und seiner Hauptstadt.

In der Zeit sich verfestigender Verwaltungsstrukturen unter Georg I. können wir die örtliche Verwaltung und das Leben in Darmstadt besser fassen. Als oberstes städtisches Organ bestimmte und kontrollierte der Rat die jährlich neu zu bestimmenden Wahlbediensteten der Gemeinde, regelte die Benutzung der Weiden und Wälder in der Gemarkung und die Instandhaltungspflicht öffentlicher Wege durch die Einwohner-

Altes Rathaus am Marktplatz, erbaut 1599–1601 an der Stelle eines Vorgängerbaus aus den Jahren 1566–1568.

schaft; er genehmigte den Zuzug von Bürgern, zog die Steuern ein, kontrollierte die Gemeindebediensteten und verwaltete den Gemeindebesitz. Jeder neue Ortsbürger hatte ein Einzugsgeld zu zahlen und einen ledernen Feuereimer vorzuweisen. Nur die Ortsbürger hatten Anspruch auf Holz aus dem Gemeindewald, auf Beschickung der Gemeindeweide und auf die Benutzung der Allmende, der Gemeindeflur. Nur sie konnten Gerichtsschöffen oder Ratsmitglieder werden und Ämter übernehmen. Der Sitz des Ratsgremiums war das Rathaus. Es war wohl auch der Sitz des Schultheißen und dazu städtisches Kommunikationszentrum sowie Festhaus für die Bürgerschaft. Der Stadtrat war nach wie vor mit dem alten Schöffengericht personengleich, in dem der landgräfliche Schultheiß den Vorsitz führte. Dieser war nun auch für Bessungen zuständig und saß dem dortigen siebenköpfigen Schöffengericht vor. An der Spitze der Verwaltung standen die beiden jährlich neu bestimmten Bürgermeister, die neben der Verantwortung für die städtische Rechnungslegung den Ort auch nach außen vertraten. Unterstützt wurden Bürgermeister und Rat vom Stadtschreiber, dem ersten Berufsbeamten, der nicht nur Protokolle, Rechnungen und Urkunden schrieb, sondern die Stadt als Syndikus auch juristisch vertrat.

Eine erneuerte Marktordnung (1573) sowie eine Bäcker- und eine Metzgerordnung (beide 1580) regelten Herstellung und Verkauf von Back- und Fleischwaren. Sie sanktionierten Verstöße mit zum Teil heftigen Strafen. Kontrolliert wurde alles von Beauftragen des Rates und der Gemeinde. Neben den Qualitäts- und Gewichtskontrollen regelten die Ordnungen auch den Marktzwang, der die Versorgung der eigenen Bevölkerung sicherstellen sollte. Verkaufsläden im heutigen Sinne gab es damals noch nicht. Die Kontrolle anderer Handwerke überließ die Stadtverwaltung den Zünften, die sich gegen Ende des 16. Jhs. erstmals bildeten und häufig die ganze Obergrafschaft oder Teile davon abdeckten. Gemeinsame Zunftordnungen galten v. a. für die drei größeren Städte Darmstadt, Zwingenberg und Reinheim. Bäcker, Glaser, Metzger, Sattler, Seiler, Schmiede, Schneider, Schreiner und Zimmerleute erhielten in diesen Jahren Zunftordnungen.

Darmstadt war dennoch nach wie vor agrarisch geprägt. Fast jeder Haushalt hielt Kühe, Schweine oder Ziegen und betrieb nebenbei Ackerbau. Ein Kranz von Feldern, Baum- und Weingärten sowie Weiden umgab die Stadt. Die Darmstädter Feldflur war seit dem Mittelalter in drei, später vier Bereiche eingeteilt: Im Westen lag das Nieder- oder Löcherfeld, der gesamte Bereich westlich der heutigen Frankfurter Straße und des Schlosses. Diese Flur ist heute vollständig überbaut. Der Name »Löcherfeld«, von »Lache« abgeleitet, rührt von der Bodenbeschaffenheit der alten Feuchtniederung her. Von der Frankfurter bis zur Dieburger Straße lag das Heinheimer Feld. Den Rest der Feldgemarkung, ungefähr von der Dieburger Straße nach Osten und im Süden der Stadt, bildete das Oberfeld. Diese Gemarkung war ursprünglich viel größer; das heutige Oberfeld ist nur der Rest, der im Laufe der letzten zwei Jahrhunderte nicht überbaut wurde.

Das Gesicht der Haupt- und Residenzstadt änderte sich nachhaltig. Georg I. vollendete den Wiederaufbau des Schlosses, den sein Bruder Ludwig begonnen hatte, und gestaltete es zu einer Residenz im Stil der Renaissance um, die uns in den erhaltenen Gebäudeteilen heute noch gegenwärtig ist. Den Herrngarten ließ er neu anlegen und probierte hier den Anbau exotischer Früchte aus. Im August 1575 schickte er seinem Bruder Wilhelm die ersten geernteten Melonen nach Kassel, dazu frische Mandeln, 1591 berichtete er ihm über Versuche mit einer Weintraube namens »Gutedel«. Um Platz für den Schlossausbau zu schaffen, verlegte er die Wirtschaftsgebäude vor das Arheilger Tor im Norden und ließ dort 1582/83 einen großen Bau mit Mühle, Marstall, Zehntscheuer, Schlachthaus und Hofmeierei errichten. Die Baumühle war ein dreiflügeliges mehrstöckiges Fachwerkgebäude, das in der damaligen Fachliteratur als Wunderwerk der Technik bezeichnet wurde. Ihr Wasser erhielt sie aus dem Mühlbach, einem Abstich des Großen Woogs, der auch den Herrngarten und das Schloss versorgte. Georg I. verbesserte die städtische Wasserversorgung auch durch die Errichtung der Drei-Brunnen-Leitung und weiterer Wasserleitungen, für die 1597 erstmals der Gebrauch von Tonröhren belegt ist. Zur Versorgung seines Hofes übernahm er 1572 das Hofgut Kranichstein mit dem benachbarten Schlösschen, das er für Zwecke der Jagd ausbauen ließ. 1578 erwarb er den Gehaborner Hof von den Mönchen des Klosters Eberbach und richtete hier eine Brauerei ein.

Mit diesen und weiteren Bauvorhaben brachte der Landgraf einer großen Zahl von Handwerkern Beschäftigung und Lohn. Die Bauern Darmstadts und der umliegenden Dörfer versorgten Hof und Residenz mit Lebensmitteln, die sie auf den dienstags und samstags stattfindenden Wochenmärkten verkauften. Nach etlichen Jahren wirtschaftlichen Aufschwungs und einem Anstieg der Einwohnerzahl von knapp 1.500 auf über 2.000 fand sich in den engen Gassen der Stadt kein geeigneter Wohnraum mehr für Hofbeamte und neu zuziehende Handwerker. Um dem Wohnungsmangel abzuhelfen, kaufte Georg I. östlich des Schlosses in der Nähe der Baumühle Gelände, um hier eine Vorstadtanlage zu errichten. 1590 begann der Bau der ersten acht Häuser entlang der heutigen oberen Alexander- und der Magdalenenstraße. Darmstadt sprengte damit erstmals seine mittelalterlichen Mauern.

Georg setzte sich auch für die Verbesserung des Schulwesens ein. In der 1526 gegründeten Schule stand die religiöse Erziehung neben Lesen und Schreiben im Vordergrund. 1570 wurde der Unterricht erweitert, v. a. kam Latein hinzu. Die Institution wurde damit zur ersten Höheren Schule für die Obergrafschaft erhoben. Alle anderen Schulen waren Landschulen ohne Latein. Ein Jahr später wurde das Schulgebäude hinter der Stadtkirche mit großem Aufwand umgebaut und erweitert; es stand einschließlich eines späteren Erweiterungsbaus bis zum Abriss im Jahr 1835. 1578 begann der Darmstädter Superintendent Johannes Angelus ein großes Schulgründungswerk, 1596 gab es 31 Schulstellen in Hessen-Darmstadt. Dazu wurde ein Schulzwang eingeführt: Nur wer den Unterricht besuchte, konnte konfirmiert werden. Auch die Ausbildung der Schulmeister, meist Pfarramtskandidaten, wurde verbessert. Gelehrt wurde v. a. Lesen, Schreiben, Singen und – freiwillig – Rechnen.

Wirtschaftsförderung und Landesausbau

Zu seinen vorrangigen Aufgaben zählte Georg I. die Reform und Straffung der Landesverwaltung durch die Schaffung neuer zentraler Behörden wie der Regierungskanzlei und der Rentkammer als zentraler Finanzbehörde. Dabei übte er gemäß seiner Auffassung von einem patriarchalischen Regierungsstil weitgehend ein persönliches Regiment aus. Gewissermaßen das Grundgesetz Hessen-Darmstadts bildete die Landesordnung von 1574, die das gesamte Recht des Staates zusammenstellte. Georg reformierte das Gerichtswesen und die Ämterverfassung; die landgräfliche Zentralverwaltung griff bis hinunter in die dörfliche Verwaltungsebene ein. Der Landesherr ließ in bewusster Abkehr von der Politik seines Vaters die alten Zenten, die nach 1479 nur noch ein Schattendasein geführt hatten, als Einrichtungen der mittleren Verwaltungsebene und als Gerichtsinstanzen wieder aufleben. Zum Amt Darmstadt gehörten die Zenten Darmstadt mit Bessungen, Arheilgen und Pfungstadt (mit Eberstadt). Eine ihrer Hauptaufgaben bestand in der Registrierung und Überwachung des militärischen Aufgebots. Jedes Jahr wurden die wehrfähigen Männer zwischen 16 und 60 Jahren gemustert, registriert und nach Waffengattungen eingeteilt: Schützen mit Büchse, Fußsoldaten mit und ohne Rüstung, bewaffnet mit Axt, Federspieß, Hellebarde. 1588 zählte die Mannschaft der Zent Darmstadt 245 Mann. Die Obergrafschaft konnte insgesamt 3.600 Wehrfähige stellen. Bei regelmäßigen Musterungen stellte sich jedoch heraus, dass die Truppe keineswegs zuverlässig war. Besonders die Büchsen, die wichtigsten Waffen, waren in einem schlechten Zustand, weshalb Landgraf Georg häufiger Schießübungen durchführen ließ, die im Laufe der Jahre den Charakter von Schützenfesten annahmen. Als Ansporn stiftete er manchmal einen Ochsen, die Stadt spendierte den Wein. Die *gemaine Schießgesellschaft zu Darmbstadt* traf sich ansonsten regelmäßig zu Übungen auf dem Schießberg, etwa zwischen Hügel- und Hölgesstraße gelegen (die Schützenstraße hat ihren Namen daher). Im 17. Jh. übte man östlich des Bessunger Tors unterhalb der Stadtmauer.

Die Zenten übernahmen nach alter Tradition die Aufgabe der Strafgerichtsbarkeit, hatten dafür die Schöffen zu stellen und die Kosten zu übernehmen. Allerdings setzte Georg I. die Zentralisierung der »peinlichen Strafverfahren«, bei denen es um Leben und Tod ging und auch die Folter angewandt wurde, in der Residenz durch. Dagegen beschwerte sich der Darmstädter Rat: Die Kosten seien viel zu hoch, Wächtern, Boten und Henkern müsse Lohn gezahlt, Schreiber, Schöffen und Richter verköstigt werden. Die Kosten blieben an der Zent und damit bei der Stadt Darmstadt und der Gemeinde Bessungen hängen (die beiden stritten dann auch untereinander über die Aufteilung der Gerichtskosten und die Finanzierung eines neuen Galgens). Außerdem sei das Rathaus wegen der vielen Gefangenen völlig verdreckt, voller Ungeziefer und es herrsche ein übler Geruch. Der Rat bat, die Gefangenen in Zukunft doch in den Pfortenhäusern einzusperren. Außerdem bat er darum, nicht mehr die Straftäter aus anderen Zenten in Darmstadt aburteilen zu müssen, weil *über Blut zu richten uns Leyhen und Ungelerten hochbeschwerlich* sei. Das Verfahren wurde offensichtlich nicht geändert, denn noch 1652 gab es ähnliche Beschwerden und der Rat beschloss, die Gerichtsschöffen der anderen Zenten könnten in Darmstadt tagen, sollten aber ihre Verpflegung und im Winter ihr Heizmaterial selbst mitbringen und der örtlichen Bürgerschaft nicht zur Last fallen.

Georg I. (1547–1596) und Magdalena von der Lippe (1552–1587). – Kupferstich von Johann Schweizer (1625–1670)

Landgraf Georgs größte Verdienste liegen neben dem Ausbau der Residenz zweifellos in der grundlegenden Verbesserung der administrativen und ökonomischen Situation seiner Grafschaft, die bei Antritt seiner Regierung wirtschaftlich am Boden lag. Dabei kam ihm sein ökonomisches und organisatorisches Talent zugute, das schon die Zeitgenossen rühmten. Er las wichtige Schriften u. a. zum Feldbau, korrespondierte mit Fachleuten und anderen Fürsten, um neue Erkenntnisse zu gewinnen, seine Bibliothek war fast vollständig mit Fachliteratur bestückt – Schöngeistiges hatte darin nur wenig Platz. Zur Verbesserung der Land-, Vieh- und Forstwirtschaft führte er neue Kulturpflanzen ein: Die Futterpflanze Klee ermöglichte die allmähliche Umstellung von Weide- auf Stallfütterung und damit die Intensivierung der Viehhaltung. Zur Einführung des Hopfenanbaus ließ er Hopfengärten anlegen. Auch der Weinbau wurde von ihm gefördert, indem er neue Reben beschaffte, aber v. a. indem er große Mengen des Weins aufkaufte und

HINTERGRUND

HEXENVERBRENNUNG

Georg I. hat als einziger Darmstädter Landgraf Hexenverbrennungen angeordnet. Zwischen 1582 und 1590 starben in seiner Residenzstadt mindestens 37 Frauen, ein 16-jähriges Mädchen und ein 11-jähriger Junge auf dem Scheiterhaufen. Auch wenn sein Superintendent Johannes Angelus ein leidenschaftlicher Befürworter der Bekämpfung von Hexerei und Zauberei war, ist doch letztlich der Landgraf verantwortlich für die Verfolgungswellen. Er war von der realen Existenz der Zauberei zutiefst überzeugt, las Bücher der Befürworter der Hexenverfolgung ebenso wie ihrer Gegner. Von seiner auf diese Weise erlangten Überzeugung konnte ihn auch sein Bruder Wilhelm, der dies alles für irreal und Aberglauben hielt, nicht abbringen. Aus seiner Verantwortung für das geistige Heil seiner Untertanen heraus fühlte Georg sich verpflichtet, *die große und abscheulige Sünde der Zauberey ... auszutilgen.*

Vielleicht haben auch die Zeitumstände sein Handeln beeinflusst: 1584–86 und um 1590 suchten Pestepidemien das südliche Hessen heim – 1585 starben in Darmstadt 209 Menschen, also gut 10 % der Bevölkerung. Hinzu kamen Wetterkapriolen, feuchte Sommer und schlechte Ernten, die ihren Grund in der sog. kleinen Eiszeit hatten. Der Suche nach dem Sündenbock in Gestalt von Giftmischerinnen und Wettermacherinnen war Tür und Tor geöffnet. Ob diese Ereignisse den Landgrafen beeinflusst haben oder ob seine tiefe Religiosität der Auslöser war, die ihm schon zu Lebzeiten den Beinamen »Der Fromme« eintrug, wissen wir nicht. Unter keinem seiner Nachfolger ist es zu Hexenverfolgungen gekommen, auch wenn diese in Krisenzeiten von der Bevölkerung gefordert wurden.

damit die Existenz der Weinbauern sicherte. In Darmstadt und Bessungen waren in dieser Zeit etwa 415 Morgen Land mit Reben bestückt. Der Weinbau war vor dem Dreißigjährigen Krieg eine der Haupterwerbsquellen.

Georg führte Mandel- und Kastanienbäume ein, aber auch neue Apfelbaumsorten, hinzu kamen Maulbeerbäume zur Ernährung von Seidenraupen. Die Versuche zur Gewinnung von

Seide scheiterten jedoch an den ungünstigen klimatischen Bedingungen – die Maulbeerallee in Arheilgen erinnert bis heute daran. Ebenso kümmerte er sich um die Modernisierung der Forstwirtschaft. Durch übermäßigen Holzbau zur Brennstoffgewinnung und Überweidung durch Schweine, Rinder und Pferde hatten die Darmstadt umgebenden Wälder sehr gelitten. Georg begann in großem Stil mit der Aufforstung von früheren Laubwaldungen, Ödflächen und Krüppelwäldern mit Nadelholzkulturen. Die heutigen Nadelholzwälder südlich und westlich Arheilgens, Darmstadts, Bessungens und Eberstadts stammen alle aus seiner Regierungszeit. Nebenbei sorgte er damit für die Grundlage der späteren Darmstädter Klengindustrie, die sich seit dem ausgehenden 18. Jh. auf die Gewinnung von Nadelholzsamen spezialisierte; waghalsige Kletterer brachen diese in den Nadelbäumen. Der Name stammt von dem Geräusch der unter Hitze aufspringenden Zapfen.

Aufgrund einer allgemeinen Klimaverschlechterung in der zweiten Hälfte des 16. Jhs. kam es zu vermehrten Niederschlägen. Dem begegnete die landgräfliche Verwaltung durch die Anlage vieler Teiche durch eigens bestellte Seegräber. Die Seen nützten nicht nur der Fischwirtschaft, sondern fingen auch drohendes Hochwasser auf. Außerdem dienten sie zur Berieselung von Feldern und Wiesen, ihr Schlammboden zur Düngung der Felder. Viele heute noch bestehende Darmstädter Teiche (u. a. Steinbrücker, Juden- und Backhausteich) stammen aus der Regierungszeit Georgs I.

Erste kulturelle Blüte unter Ludwig V.

Am 7.2.1596 starb Georg I. nach mehreren Schlaganfällen im Alter von 48 Jahren. Seine Frau Magdalena zur Lippe, die ihm zehn Kinder geboren hatte und mit der er nach allem, was wir wissen, eine glückliche Ehe führte, war bereits 1587 im Alter von nur 35 Jahren gestorben. Die ganze Familie mit den fünf Töchtern und fünf Söhnen, von denen nur sechs die Eltern überlebten, ist auf dem kunstvollen Epitaph zu sehen, das Georg 1589 in der Stadtkirche errichten ließ und das wie durch ein Wunder die Zerstörung der Kirche im August 1944 überstand.

Georg hinterließ seinen Erben nicht nur ein blühendes Territorium, sondern auch ein Vermögen von 500.000 fl, das sein Sohn und Nachfolger, der mehr auf äußere Repräsentation bedachte Ludwig V. (1596–1626), u. a. für glänzende Hoffeste und Theatervorführungen verwendete. Sein Vater hatte als sparsamer Landesherr bei Feierlichkeiten wenig Aufwand getrieben. Wir wissen von Turnierspielen, in denen man die Ritterkultur des Mittelalters wieder aufleben ließ, das prächtigste bei der Hochzeit von Georgs Tochter Christine mit Graf Friedrich Magnus von Erbach am 3.5.1595. Ludwig führte die Tradition der Ritterturniere fort, die auf der »Rennbahn«, dem Turnierplatz neben dem Schloss (heute Friedensplatz), stattfanden.

Ludwig V. unterhielt als erster Darmstädter Landgraf eine Hofkapelle mit 16 Musikern, geleitet von einem Kapellmeister, die zur Aufführung von Balletten, Singspielen und Opern aufspielte, und er verschaffte dem höfischen Theater, für das sein Vater nicht viel übriggehabt hatte, mehr Geltung. Man spielte Theater nicht wegen des ästhetischen Genusses, sondern es bildete einen festen Bestandteil des höfischen Zeremoniells. Berufsschauspieler traten in dieser Zeit noch nicht auf, vielmehr übernahmen die Mitglieder der Fürstenfamilie, des Hofstaates sowie Gäste die einzelnen Rollen. Anlässe boten politische Zusammenkünfte, Hochzeiten, Siegesfeiern, Jagden oder Turniere. Anlässlich der Taufe des Prinzen Friedrich im Darmstädter Schloss 1616 standen bei einer Aufführung auch der Herzog von Württemberg und der Bischof von Speyer neben Mitgliedern des Hofes auf der Bühne.

Die Bürgerschaft widmete sich in dieser Zeit ihren eigenen, meist einfachen Vergnügungen. Im Rathaus, das zugleich Festsaal der Stadt war, speiste man alljährlich an Neujahr auf städtische Kosten. Seit Anfang des 17. Jhs. wurden die zunächst wüsten Zechgelage durch musikalische Darbietungen verschönt. 1612 stellte man im Rathaussaal eine kleine Orgel auf, 1607 und 1610 erfahren wir von Schülerknaben, die im Rathaus zum Neuen Jahr sangen. Seit spätestens 1641 übernahmen Schüler des Pädagogs diese Aufgabe, wobei sie nicht nur sangen, sondern auch musizierten. Dafür erhielten sie regelmäßig Geld aus der Stadtkasse. 1605 führten junge Bürger und Schuljungen die Komödie »Der verlorene Sohn« auf; unter den Zuschauern waren auch Landgraf Ludwig V. nebst Gattin und Gefolge. Mehr als 1 fl kosteten das Konfekt und die Nürnberger Kuchen, die der Stadtrat den hohen Herrschaften reichen ließ. Bei der Aufführung der Komödie »Joseph« im Jahr 1608 war Ludwig V. ebenfalls zu Gast. Auch in späteren Jahren fanden wiederholt Aufführungen der Pädagogeleven im Rathaus und in der Höheren Schule selbst statt. Gelegentlich wirkten sie bei Hoffesten mit. Am 21.2.1667, anlässlich der Hochzeit Landgraf Ludwigs VI. mit Elisabeth Dorothea von Sachsen-Gotha, führten die Schüler eine Komödie auf. Etwas irritierend liest sich der Eintrag in der Stadtrechnung von 1652, wonach den Lehrern 17 Maß Wein ins Pädagog geschickt wurden, als sie der Aufführung einer Komödie beiwohnten – und den Schülern, die das Stück aufführten, 12 Maß Wein!

Insgesamt setzte sich der Aufschwung in der wachsenden und wirtschaftlich gut aufgestellten Stadt auch unter Ludwig V. fort. Die Einwohnerzahl wuchs durch den Zuzug Fremder und den Anstieg der Geburtenzahl. Landesherrliche Rechnungen verzeichnen ein wachsendes Steueraufkommen, eine steigende Anzahl gemästeter Schweine und weitere Indizien für zunehmende Wirtschaftskraft und Wohlstand.

1607 stiftete Oberamtmann Philipp von Buseck in seinem Testament die Errichtung des ersten Darmstädter Hospitals, dessen Bau 1611–13 erfolgte, nachdem die Stadtverwaltung zur Pestbekämpfung bereits 1594 einen Stadtarzt angestellt hatte. Das Hospital, das v. a. der Pflege älterer Armer und Kranker diente, war ökonomisch gut ausgestattet. Es stellte die Armenfürsorge auf eine neue Grundlage. Die Errichtung eines Holzmarktes 1614 diente der besseren Versorgung der Bevölkerung mit Bau- und Brennholz. In seinem Testament hatte Georg I. seinen Sohn und Nachfolger verpflichtet, den Bau der Vorstadt vor dem Arheilger Tor weiterzuführen. Ludwig V. erfüllte diesen Wunsch; 1621 war die Anlage bis zum heutigen Kantplatz gediehen. Weitere Ausbauplanungen machte der Dreißigjährige Krieg zunichte. Die heutige Magdalenenstraße (damals Große Arheilger Straße) war nicht nur vornehme Wohnstraße, sondern auch Hauptverkehrsweg und nördliche Ausfallstraße Richtung Frankfurt.

Dreißigjähriger Krieg, Franzosenkriege und die Folgen (1618–1714)

Heimsuchung Darmstadts im Mansfeldischen Einfall 1622

Die gut vier Jahrzehnte dauernde Blütezeit der jungen Hauptstadt wurde durch die Leiden und Nöte des Dreißigjährigen Krieges jäh unterbrochen; Arbeit, Wohlstand und Leben ganzer Generationen wurden vernichtet. Das heutige Südhessen hatte unter Hunger, Seuchen und marodierenden Soldaten besonders schlimm zu leiden, weil wichtige Durchgangsstraßen es durchzogen. Mit nie zuvor gekannter Konsequenz zogen Feldherren mit angeworbenen Söldnerheeren durch das Land und ließen ihre Soldateska alles verwüsten und ausplündern. Nach neueren Schätzungen geht man für unsere Gegend von Bevölkerungsverlusten von bis zu 80 % aus. In Darmstadt sank die Zahl der Haushaltungen zwischen 1619 und 1645 von 470 auf rund 180. Für Arheilgen und Bessungen ist mit noch höheren Bevölkerungsverlusten zu rechnen.

Zunächst tangierte der beginnende Krieg Hessen-Darmstadt noch nicht. Nach dem »Prager Fenstersturz« vom 23.5. 1618 verweigerten die protestantischen Stände dem katholischen Kaiser Ferdinand II. die Anerkennung und wählten stattdessen den protestantischen Kurfürsten Friedrich V. von der Pfalz zum böhmischen König. Die Truppen des »Winterkönigs« (der nur etwas mehr als einen Winter regierte) wurden jedoch im November 1620 von einem kaiserlichen Heer am Weißen Berg vor Prag geschlagen; Friedrich floh und verlor nicht nur seine Krone, sondern auch seine Kurwürde. Das einzige Heer, auf das er sich noch stützen konnte, war die Armee des Grafen Ernst von Mansfeld, der sich im Frühjahr 1622 zahlreiche Kämpfe mit den kaiserlichen Truppen des Generals Tilly lieferte. Mansfeld fiel anschließend in die Landgrafschaft Hessen-Darmstadt ein, weil Ludwig V., obwohl protestantisch und offiziell neutral, als Kaiserfreund angesehen wurde. Bereits am 1. Juni rückte er bis

Brückenhäuschen über dem Nordeingang des Schlosses, errichtet 1630.

Zwingenberg vor. Noch am selben Tag wurde Darmstadt besetzt und bei Bessungen ein großes Lager errichtet. Die Hauptmasse des Heeres nahm in den umliegenden Dörfern bis hin nach Groß-Gerau Quartier. Am 7. Juni stieß diese Streitmacht mit 18.000 Mann Fußvolk und über 5.000 Reitern nach Rüsselsheim und Dieburg vor, um den Main zu erreichen. Die Truppen Tillys schnitten Mansfeld jedoch bei Dieburg den Weg ab und zwangen ihn am 9. Juni zum Rückzug durch das Mühltal und über die Bergstraße. Obwohl er nur neun Tage dauerte,

HINTERGRUND

MANSFELDISCHES SCHADENSVERZEICHNIS UND ZEUGENVERHÖR

Für die Verwüstungen durch die Truppen Mansfelds liegen uns zwei außergewöhnliche Quellen vor: 1623 ließ die landgräfliche Regierung ein Verzeichnis aller Verluste aufstellen. Es bietet nicht nur einen genauen Überblick über die Schäden der einzelnen Haushalte sowie der öffentlichen Institutionen, sondern dokumentiert mit der Höhe der Schadenssummen auch den wirtschaftlichen Aufschwung der vergangenen Jahrzehnte. Darmstadt meldete insgesamt 44.535 Thl. (Reichstaler) Schaden an, darunter 5.469 Thl. an städtischem Eigentum. 166 Bürger hatten Verluste von etwa 18.000 Thl. zu beklagen. In Bessungen waren es 16.638 Thl., in Arheilgen 41.420 und in Eberstadt 48.420 Thl. Da die Schadensberichte von den örtlichen Behörden besiegelt wurden, liegen uns hier für viele Orte, etwa Eberstadt, Arheilgen und Wixhausen, die ältesten Abdrücke des Gemeindesiegels vor.

Die zweite Quelle stellt ein amtlicher Bericht über die Gräueltaten der Mansfelder Soldateska dar, den die landgräfliche Regierung noch 1622 anfertigen und dazu in allen Orten der Obergrafschaft glaubwürdige Zeugen nach einem standardisierten Fragenkatalog befragen ließ. Ihre Aussagen veranschaulichen das Grauen des Kriegsalltags besser als jede historische Darstellung. Die Zeugen berichten über die Misshandlungen, die sie oder ihre Angehörigen erlitten. Manche Bewohner seien so misshandelt worden, dass sie bald danach gestorben seien. Viele junge Männer seinen verschleppt worden, um sie zum Soldatendienst zu zwingen.

hat der Mansfeldische Einfall beinahe die gesamte Obergrafschaft Katzenelnbogen verwüstet. Die Soldaten plünderten, erpressten die Ersparnisse der Einwohner, trieben das Vieh aus den Ställen, raubten Rat- und Pfarrhäuser sowie Kirchen aus. In Darmstadt wurden die Vorräte im Schloss ebenso geplündert wie die vieler Bürger. Aus der Stadtmühle waren die kompletten Getreidevorräte verschwunden. In Bessungen wurde Ewald Motz, der Sohn des Gerichtsdieners, erschossen. Nach Auskunft des Kirchenbuches starben dort in diesem Jahr 73 Menschen (zuvor waren es jährlich zwischen 10 und 18).

Erbschaft Oberhessen und Ausbau der Stadt (1623–1630)

In den folgenden Jahren stand Darmstadt ganz im Zeichen eines deutlichen Aufschwungs, der v. a. in baulichen Veränderungen zum Ausdruck kam und den man mitten in Kriegszeiten nicht erwartet hätte. Auslöser war ein Urteil des Reichshofrats in Wien vom 1.4.1623, das die jahrelangen Auseinandersetzungen zwischen den Bruderstaaten Hessen-Kassel und Hessen-Darmstadt um das Erbe des 1604 kinderlos gestorbenen Landgrafen Ludwig IV. von Hessen-Marburg beendete. Dieses Urteil sprach Ludwig V. von Hessen-Darmstadt das gesamte Marburger Erbe zu – die Keimzelle der oberhessischen Besitzungen der Landgrafschaft mit Gießen, Marburg, Alsfeld, weiteren Städten sowie deren Umland. Die Hauptstadt Darmstadt sollte den dem Fürstenhaus zugefallenen erheblichen Zuwachs an Land und Vermögen nach außen hin präsentieren.

Mit der erheblichen Vergrößerung der Landgrafschaft stieg auch die Zahl der Beamten am Hofe und in der Landesverwaltung. Deshalb wurde 1626–29 als neues zentrales Verwaltungsgebäude ein großer Kanzleibau im Schloss errichtet. Die landgräflichen Baumeister gestalteten die Hofkirche zu einem repräsentativen Bau um (1628–31). Ebenso der Ausschmückung diente das 1630 errichtete Brückenhäuschen über dem Nordeingang des Schlosses (s. S. 57) mit den heute noch erhaltenen Wappen Georgs II. (seit 1626 Nachfolger Ludwigs V.) und seiner Gattin Sophie Eleonore.

Die 1590 begonnene Vorstadt fand 1626/27 mit der Pflasterung der Straße und der Errichtung eines neuen Stadttores an ihrem Ende (Sporertor) einen vorläufigen Abschluss. Der alte Turm der Stadtkirche mit seinem gotischen Turmhelm wurde 1628 bis auf das Gewölbe abgerissen und durch seinen markanten neuen Helm mit dem Mittelturm und vier kleinen Eckttürmchen zu einem baulichen Wahrzeichen Darmstadts.

Eine ähnliche das Stadtbild prägende Wirkung versprach man sich auch von der neuen Höheren Schule, dem Pädagog, denn die aufwändige Architektur mit Renaissancegiebeln und vorgelagertem Treppenturm war reichhaltiger und damit auch

Die Darmstädter Stadtkirche im Jahr 1685 mit dem 1628–1631 neu errichteten Turm. – Foto einer verlorenen Zeichnung

teurer, als es für ein Schulgebäude notwendig war. Ludwig V. hatte seinen Nachfolger testamentarisch verpflichtet, in Darmstadt eine Höhere Schule zu errichten, die begabte Knaben auf das Studium an der nun zu Hessen-Darmstadt gehörenden Marburger Universität vorbereiten sollte. Bisher mussten Schüler aus Südhessen die beiden Pädagogien in Gießen und in Marburg besuchen, was aus finanziellen Gründen meist nicht möglich war. Auch der wirtschaftliche Nutzen und der Gewinn für die städtische Sangeskultur lag Ludwig V. am Herzen, denn im Testament heißt es: *Solche trivial Schuell zu Darmstadt soll ... fortt und fortt, steiff, fest und vätterlich darüber also gehalltten werden, damit auch adelliche und andere vornehme Leuthe ihre Kinder dahin schicken und der Bürger Nahrung etwaß hierauß wachsßen, auch man in den Kirchen eine feine Vocal Music haben möge.* Georg II. ging den Bau zügig an, und am 12.4.1629 versammelten sich Hof, Beamtenschaft sowie Vertreter der Kirche und der Bürgerschaft im Schloss zur feierlichen Eröffnung des Pädagogs.

Um die neu hinzugewonnenen Gebiete in die Landgrafschaft zu integrieren, gab Georg eine umfangreiche statistische Erfassung aller hessischen Ämter in Auftrag, deren schriftliches Ergebnis heute als »Hessisches Dorfbuch« im Staatsarchiv Marburg aufbewahrt wird. Die Haushaltszählung ergab für Darmstadt knapp 2.000 Einwohner, für Bessungen gut 350. Eberstadt hatte etwa 720 und Arheilgen etwa 550 Einwohner.

Die Wiederbelebung der Wirtschaft in der Residenz nach den Zerstörungen von 1622 lag auch der Stadt am Herzen. 1624 wurden im Erdgeschoss des Rathauses Läden eingerichtet und an Darmstädter Händler vermietet. Und Anfang 1626 beschloss der Rat, auf der Ostermesse in Frankfurt ein Dutzend Tischtücher und ebenso viele Leuchter für die Festräume im Rathaus zu kaufen, außerdem bestellte man in Frankfurt eine neue Glocke für den Turm der Stadtkirche.

In der Stadt herrschte eine rege Bautätigkeit – was nicht für eine ausgesprochene Kriegsangst sprach. Es mehrten sich die Zeichen, dass man das Schlimmste hinter sich gebracht habe. Zu sehr hatte der kaiserliche Feldherr Wallenstein alle protestantischen Kriegsgegner im Griff. Neue Hoffnung auf Frieden brachte der im Juni 1629 zwischen Christian von Dänemark und Kaiser Ferdinand II. geschlossene Frieden von Lübeck. Überall in Deutschland ruhten die Waffen. Mit der Landung Gustav Adolfs von Schweden in Pommern, die im Juli 1630 den Krieg erneut aufleben ließ, hat in Hessen vermutlich kaum jemand gerechnet.

Krieg, Pest und Verwüstung (1631–1648)

Im Januar 1631, als schwedische Truppen Darmstadt besetzten, kehrte der Krieg tatsächlich zurück. Für Stadt und Umland begann eine 17 Jahre dauernde Leidenszeit, die einen großen Teil ihrer Bewohner das Leben kosten sollte. Zahlreiche Durchmärsche von Truppen hatten Besetzungen, Einquartierungen und Plünderungen zur Folge. Während sich Georg II. mit seinem Hof ins sichere Gießen absetzte, verstärkte sich der Ansturm von Menschen aus den umliegenden Dörfern, die hinter den

Darmstädter Mauern Schutz suchten. Im Winter 1632/33 kam erstmals die Pest nach Südhessen, an der viele Menschen im überfüllten Darmstadt starben. Anfang 1635, unmittelbar nach dem Kriegseintritt Frankreichs, besetzten Franzosen die Stadt. In der Nacht vom 19. zum 20. Januar brannten in der Umgebung alle Dörfer. Die Darmstädter berichteten: *Gestern, Montag, zu Nacht ist, Gott erbarme es, der Fleck Arheilgen bis uff 8 oder 9 Bau sambt der Kirchen jammerlich verbrennt, zu Griesheim auch 114 Bau in die Asche gelegt, zu Schneppenhausen 14, zu Erzhausen 12, zu Nider-Rambstadt 16, Eschelbrucken uber die Helft auch jammerlich abgebrannt, zu Eberstatt und Bissingen ungefehr uff 30 Beu auch nidergelegt.*

Erneut flohen viele Menschen hinter die vermeintlich schützenden Stadtmauern, kamen jedoch vom Regen in die Traufe, denn die wieder ausgebrochene Pest forderte viele Opfer. Superintendent Simon Leisring schilderte die Lage am 19.2.1635: *Heute diesen Tag habe ich 41 Personen uff den Gottesacker tragen lassen, und läufet nun die Anzahl derer, die bishero vom 1. Januarii dieses 35. Jahrs alhir begraben worden, uff 600, nicht gerechnet, was umb die Stadt herumb begraben oder aus der Stadt hinaus uffs Land ganz- oder halbtot getragen und geführet worden ... sintemal darinnen jetzo über 500 krank liegen, in manchem Hause 4, 5, 6 bis uf 10 und 12 Personen ...* In der Stadt lebten zu dieser Zeit wohl an die 8.000 Menschen, darunter Flüchtlinge und Soldaten, in drangvoller Enge und unter entsetzlichen hygienischen Bedingungen. Insgesamt fielen der Pest in Darmstadt in diesem Jahr über 2.000 Menschen zum Opfer.

Der Krieg ließ die Bewohner aber noch lange nicht aus seinen Fängen. Zu Beginn des Jahres 1639 plünderte die kaiserliche Armee des Fürsten Piccolomini die Obergrafschaft aus, soweit dies überhaupt noch möglich war. Im Sommer richteten Bayerische Regimenter hohen Schaden an. 1641/42 und 1645–47 gab es erneut Durchzüge und Besetzungen durch bayerische, schwedische und französische Truppen. Das öffentliche Leben kam in dieser Zeit zum Erliegen; Rats- und Gerichtsprotokolle wurden nicht mehr ordnungsgemäß geführt, Gerichtssitzungen fielen aus, auch die Kirchenbücher weisen große Lücken auf. Taufeinträge, wenn sie denn vorgenommen wurden, berichten von unbekannten Vätern, weil die Mütter »von Soldaten gezwungen« worden waren.

Keine Zeit zur Erholung: Franzosenkriege und Spanischer Erbfolgekrieg

Als 1648 endlich Frieden einkehrte, gestaltete sich der Wiederaufbau schwierig und langwierig. Felder und Weinberge lagen wüst, es gab kaum noch jemanden, der sie hätte bestellen können. Neue Siedler kamen zum Teil aus der Schweiz und aus Flandern. Etwa sechs Jahrzehnte dauerte es, bis die Bevölkerungsverluste ausgeglichen waren. Das wirtschaftliche Leben kam nur langsam wieder in Gang. Immerhin kehrte der landgräfliche Hof 1649 nach Darmstadt zurück, was zur Belebung beitrug. Eine neue Einnahmequelle versprachen sich Georg II. und seine Nachfolger durch die Vergabe von Schürfrechten im Darmstädter und im Bessunger Wald. In der Nähe des Heiligen Kreuzberges und an den Steinbrüchen am Glasberg im Bessunger Wald wurden Kupferbergwerke eröffnet. Am Glasberg waren bis zu 12 Bergleute unter der Leitung des Bergmeisters Andreas Oppermann beschäftigt. Beide Unternehmen gingen jedoch nach wenigen Jahren ein. Die Oppermannswiesenschneise erinnert an den erfolglosen Bergwerksdirektor. 1688 verlieh Landgraf Ernst Ludwig dem Bergmann Christian Will ein Eisenbergwerk im Bessunger Wald. Wie lange diese Grube bestand, ist nicht bekannt. Auch spätere Versuche, nach Kupfer, Eisen, Silber und Zinn zu schürfen, blieben erfolglos.

Das erste größere Bauwerk, das lange nach Kriegsende in der Stadt errichtet wurde, war der für Wohnzwecke der landgräflichen Familie gedachte Glockenbau des Schlosses. Er bestand aus vier Geschossen und einem vorgelagerten Treppenturm, der später einen Aufsatz für den 1671 erfolgten Einbau eines in Holland hergestellten Glockenspiels mit 28 Glocken erhielt. Das Darmstädter Glockenspiel sollte sich zu einem Wahrzeichen der Stadt entwickeln. Die mit ihm verbundene Uhr lieferte künftig die maßgebende Zeit für alle Uhren in der Stadt, was leider auch galt, wenn sie falsch anzeigte. 1671–78 entstand mit dem Prinz-Christians-Bau ein weiterer großer Neubau als Verbindung zwischen altem Schloss und Kanzleibau. Der 1671 entstandene »Holländische Bau«, eine einstöckige Galerie, schloss den Glockenbauhof des Schlosses zum Marktplatz hin ab.

Darmstadt von Südwesten. – Ursprünglich 1678 gemalt von Pieter Rodingh, Kopie von J. C. Casteur, 1758, diese wiederum kopiert von Ernst Schneeberger, 1791

Ludwig VI. (1661–78) eröffnete 1672 zwischen Ballonplatz und Schloss einen neuen Straßenzug (heutige Alexanderstraße), um Ansiedlungswillige nach Darmstadt zu ziehen, und ließ ihn 1674/75 mit einer einfachen Mauer umbauen, die am Schlossgraben an die mittelalterliche Stadtmauer anschloss und im Norden mit der Mauer um die Alte Vorstadt verbunden war. Da der Fürst chronisch klamm war, mussten die Bewohner von Darmstadt, Bessungen, Eberstadt, Arheilgen und anderer Orte einen großen Teil der Arbeiten als Frondienst erledigen. Den Bauwilligen versprach er verbilligtes Baumaterial sowie Befreiung von Einquartierung, Wachtdiensten, Steuern und Abgaben. Dennoch nahm kaum jemand das Angebot wahr. Es gab in der verwüsteten Stadt noch zu viele billige Bauplätze. Beim Tode Ludwigs 1678 stand vermutlich noch kein einziges Haus, so dass die für den minderjährigen Ernst Ludwig regierende Witwe Elisabeth Dorothea (1678–88) noch günstigere Bedingungen versprach. Erst jetzt stellte sich ein Erfolg ein. Wie man auf den bis 1944 noch vorhandenen Torbögen lesen konnte, wurden die Häuser

DER BRAUERTUNNEL
Mit den genannten Baumaßnahmen steht vermutlich die Entstehung des sog. »Brauertunnels«, eines heute noch auf knapp 600 m vorhandenen schmalen Kanals unter der Dieburger Straße, im Zusammenhang. Der Name rührt von den angrenzenden Brauereikellern des 19. Jhs. her, der Tunnel selbst ist aber viel älter. Die geologische Erforschung ergab, dass er höchstwahrscheinlich aus der zweiten Hälfte des 17. Jhs. stammt und die Wasserversorgung der Neuen Vorstadt und der neu errichteten Schlossbauten sicherstellen sollte. Vermutlich diente er auch zur allgemeinen Verbesserung der Wasserversorgung, denn die hölzernen oder tönernen, ohnehin reparaturanfälligen alten Wasserleitungen dürften während der Kriegszeit erheblich gelitten haben. Für die Wasserableitung angezapft wurde vermutlich der Molkenbrunnenbach, der etwa 200 m östlich des heutigen Eisenbahneinschnitts an der Dieburger Straße floss, möglicherweise aber auch andere Bäche bis zum Ruthsenbach.

Alexanderstraße Nr. 8, 12, 15 und 17 in den Jahren 1682–87 errichtet. Vollendet war die Bebauung kurz vor 1700. Die in ihren Giebelformen und in ihrer Lage zur Straße hin ziemlich einheitlichen und an die Alte Vorstadt angelehnten Häuser waren an der Straßenfront durch Tordurchfahrten verbunden. Für die Gärten an der Südseite riss man die äußere Mauer und den Zwinger der mittelalterlichen Stadtmauer bis auf die Fundamente ab.

Die bekannte Ansicht des Hofmalers Pieter Rodingh zeigt Darmstadt 1678 im anscheinend intakten Zustand, v. a. noch mit dem unversehrten Mauerring, der jedoch wenige Jahre später bereits fallen sollte. Auslöser waren die Reichskriege gegen Ludwig XIV. von Frankreich. Im sog. »Pfälzer Erbfolgekrieg« – in Wahrheit ein Eroberungskrieg mit dem Ziel, die französische Ostgrenze bis zum Rhein vorzuschieben – richteten französische Truppen große Schäden an. Im Oktober 1688 wurden Dieburg und das Erbachische Amt Schönberg, bald danach Groß-Umstadt und Groß-Zimmern geplündert. Als am 24.10.1688 die Festung Rüsselsheim fiel, floh der landgräfliche

Hof von Darmstadt für fast zehn Jahre nach Gießen. Anfang 1689 verlangten die Franzosen die Schleifung der Darmstädter Mauern, die nur durch das Heranrücken eines sächsischen Entsatzheeres abgewendet werden konnte. Beim Abrücken aus Hessen wurden Rüsselsheim in die Luft gesprengt sowie Dornberg und Gernsheim niedergebrannt.

1693 stießen französische Truppen erneut von Heidelberg aus die Bergstraße hinauf und besetzten Darmstadt, zerstörten eine Reihe von Häusern und ließen Teile der westlichen Stadtmauer rund um den Marktplatz und den Weißen Turm niederreißen. Damit verschwand auch das zwischen Turm und Schloss gelegene Neue Tor. Der seit 1688 allein regierende Landgraf Ernst Ludwig ergriff die Gelegenheit und legte am 4.5.1695 den Grundstein für eine groß angelegte, nicht mehr durch die Mauern behinderte Stadterweiterung nach Westen. Hier wollte er auch 300 Hugenottische Flüchtlingsfamilien ansiedeln, die aus Frankreich vertrieben worden waren. Sogar der Bau eines Kanals als Handelsverbindung für die hugenottischen Kaufleute war vorgesehen; er sollte ungefähr am Luisenplatz beginnen und nach etwa 20 km den Rhein erreichen, blieb aber Idee, weil er nicht zu finanzieren war und weil die Hugenotten sich lieber in Hanau und im Odenwald ansiedelten. Der Weiße Turm, der seine Bedeutung als Teil der Stadtbefestigung verloren hatte, wurde 1704 um ein Stockwerk erhöht, mit einem Kuppeldach versehen und in einen Uhr- und Glockenturm umgewandelt.

Der Friede von Rijswijk mit Frankreich brachte 1697 nur eine kurze Friedenszeit, denn wenige Jahre später ließ der Streit um die Nachfolge auf dem spanischen Thron die Kriegsmaschinerie wieder anlaufen. Der Spanische Erbfolgekrieg (1700–14) begleitete die Landgrafschaft in das 18. Jh., obwohl sein Anlass Hessen nicht betraf. Darmstädter und vermutlich auch Bessunger kämpften im Auftrag mehrerer Fürsten an den verschiedensten Kriegsschauplätzen. Während der gesamten Zeit lagen in Darmstadt und Bessungen neu ausgehobene Soldaten in Bürgerquartieren und wurden zur großen Belastung. Der Ausbau der Neuen Vorstadt stockte. In den 1690er-Jahren musste sich der fürstliche Bauherr damit begnügen, die Häuser

Ansicht vom Schloss nach Westen. – Johann Tobias Sonntag, 1746

der Oberen Rheinstraße bis zum heutigen Luisenplatz fertigzustellen. In den ersten beiden Jahrzehnten des 18. Jhs. schließlich konnte die Bebauung im rechten Winkel nach Norden und Süden weitergeführt und damit die Ostseite der heutigen Luisenstraße und des Mathildenplatzes festgelegt werden. Für die Bebauung der Rheinstraße waren freistehende Häuser mit Mansarddach vorgeschrieben, mit Tordurchfahrten verbunden. In der Luisenstraße wurden dagegen zweistöckige mansarddachgedeckte Reihenhäuser mit durchlaufender Trauflinie in ununterbrochener Folge errichtet. Eine Ansicht der Stadt vom Schloss nach Westen (s. Abb. oben) aus dem Jahr 1746 zeigt den Zustand der Neuen Vorstadt, wie er um 1727 erreicht war, die 1745 errichtete mannshohe Steinmauer, die den vorläufigen Abschluss der Vorstadtbebauung anzeigte, sowie das in der Flucht der späteren Wilhelminenstraße errichtete Neue Tor. Am Nordausgang gewährte seit 1749 das Frankfurter Tor (an der Stelle des heutigen Landgerichtsgebäudes) den Ausgang zur Chaussee nach Frankfurt, die damals noch durch den Herrngarten führte. Weitere Pläne zur Fortführung der Vorstadt blieben unausgeführt. Auch die sonstige Bautätigkeit in Darmstadt stockte während der Kriegszeit, wenn man vom Abriss des schadhaften Bergfrieds im Schloss und dem Umbau des alten Hoftheaters absieht.

Gründung einer jüdischen Gemeinde

Juden hatten vereinzelt schon im 16. Jh. in Darmstadt gelebt, waren aber unter den sehr restriktiven Judenordnungen der ersten Landgrafen, die ihre Rechtsstellung beeinträchtigten und ihnen hohe Abgabenlasten auferlegten, ständig von Vertreibung bedroht. Der Regierungsantritt Ernst Ludwigs 1688 und der Ausbruch des Pfälzer Erbfolgekriegs 1689 sorgten für eine veränderte Einstellung der Obrigkeit den Juden gegenüber. Erstes Zeichen der Liberalisierung war die 1695 erteilte landgräfliche Erlaubnis, Bethäuser in denjenigen Orten einrichten zu dürfen, in denen mehr als zehn erwachsene Juden wohnten. Anfang des 18. Jhs. wurde in Darmstadt eine jüdische Gemeinde gegründet, zu der vermutlich auch die Bessunger Juden gehörten. 1709 berief man den ersten Rabbiner. Gottesdienst und religiöser Unterricht fanden zunächst in Privathäusern statt, bevor 1737 in der Kleinen Ochsengasse die erste Synagoge eingeweiht werden konnte.

Wohl auf Betreiben des Hofjuden David, seit etwa 1670 in Darmstadt, hatte Landgräfin Elisabeth Dorothea die Einrichtung eines jüdischen Friedhofs am Ortsrand von Bessungen genehmigt, auf dem 1700 erstmals Begräbnisse nachgewiesen sind. Am 5.8.1711 verkaufte die Gemeinde Bessungen *an die sämbtliche Judtenschafft zu Darmbstatt* 60 Ruthen Feld zur Erweiterung des bestehenden Friedhofs, der jetzt 100 Ruthen (ca. 2100 m^2) umfasste. 1715 wurde der Friedhof mit einer Mauer umgeben, um Zerstörungen zu verhindern, die aber dennoch in der Folgezeit häufiger vorkamen. Der Friedhof wurde seither mehrfach erweitert. Rund 200 Grabsteine aus der Anfangszeit sind noch vorhanden, die beiden ältesten aus den Jahren 1714 und 1716. Juden aus Darmstadt, Bessungen, Arheilgen, Griesheim, Ober- und Nieder-Ramstadt sowie Roßdorf fanden hier ihre letzte Ruhe.

Das kurze 18. Jahrhundert – fürstliche Bauwut und höfische Kultur

Barock und Bankrott – vergebliches Streben nach Versailles

Die Kriege des 17. und des beginnenden 18. Jhs. hatten Darmstadt und die ganze Obergrafschaft Katzenelnbogen um Jahrzehnte in ihrer Entwicklung zurückgeworfen. Erst nach den Friedensschlüssen von Utrecht und Rastatt 1714 konnte sich die Residenz allmählich erholen. Landwirtschaft, Weinbau und Handel lebten wieder auf, v. a. aber setzte eine neue fürstliche Bautätigkeit ein, die in Darmstadt und Umgebung zu einer teils stürmischen wirtschaftlichen Entwicklung führte.

Landgraf Ernst Ludwig (1688–1739) plante neben der bereits erwähnten Neuen Vorstadt weitere ehrgeizige Bauvorhaben, um Darmstadt in eine Barock-Residenz nach dem Vorbild des französischen Königshofes zu verwandeln. Auch das benachbarte Bessungen wurde in die ehrgeizigen Planungen einbezogen. Zum Leiter des gesamten landgräflichen Bauwesens wurde Louis Remy de la Fosse bestellt, der bereits 1709/10 den Umbau des alten Theaters geleitet hatte und im Dezember 1714 endgültig nach Darmstadt kam. Sein erstes Projekt war die Anlage eines Hofgartens in Bessungen als Ausweichfläche für den Darmstädter Schlosspark, der durch die Anlage der Vorstädte an der Magdalenen- und Alexanderstraße erheblich beschnitten worden war. 1716 begann man die Anlage des Orangeriegartens, den de la Fosse nach eigenen Plänen gemeinsam mit dem Heidelberger Gartenplaner Johann Kaspar Ehret gestaltete. Bereits 1717 wurden 24 Goldapfelbäume beschafft, 1718–20 folgten 60 Orangenbäume aus Sardinien. Am 22.7.1719 wurde der Grundstein zum Orangeriegebäude gelegt, von dem bis zum Abbruch der Bauarbeiten 1726 jedoch nur ein Flügel fertiggestellt war. Im großen Saal des Gebäudes, mit Fußbodenheizung versehen, überwinterten die Orangenbäume. De la Fosse zeichnete auch für den Erweiterungsbau des Gefängnisses

Die Orangerie in Bessungen. – Kolorierter Stich von Ernst Friedrich Grünewald, um 1830, nach Zeichnung von Ernst Gladbach

im Runden Turm der Stadtmauer und für einen neuen Schlachthof verantwortlich. Beide Gebäude konnten im Gegensatz zur Orangerie fertiggestellt werden.

Sein größtes Projekt fiel de la Fosse unvermutet zu. Am 19.5.1715 brannten wegen fahrlässigen Umgangs mit Feuer – angeblich hatten Mägde beim unerlaubten Kaffeekochen auf dem Dachboden einen Brand ausgelöst – der Kanzleibau und weitere Teile des Schlosses ab, darunter die fürstlichen Wohngemächer. Ernst Ludwig nutzte die Gelegenheit und ließ seinen Hofarchitekten eine neue und erheblich größer dimensionierte barocke Schlossanlage entwerfen. Da der Landesherr schon damals finanzielle Probleme hatte, entschied er sich für einen Schlossentwurf, der auch sukzessive zu realisieren war. Die Pläne orientierten sich an Versailles und auch am Berliner Schloss. Die Disposition des Gesamtbauwerks sah die Gruppierung der Trakte um drei Höfe vor, zentraler Bauteil war der hochragende Turm für das Glockenspiel. Der Mittelpavillon zum Markt hin sollte nach Art römischer Triumphbögen den Ruhm des absoluten Fürsten verherrlichen. Ernst Ludwig wollte seiner Bürgerschaft vor Augen führen, dass er seine Macht nach dem Vorbild von Louis Quatorze uneingeschränkt auszuüben gedachte. Am 11.5.1716 wurde der Grundstein gelegt.

In den ersten Jahren ging der Bau rasch voran. 1723 waren die beiden Flügel im Süden und Westen im Wesentlichen

DAS SCHLOSS IM AUSGEHENDEN 18. JAHRHUNDERT

Johann Heinrich Campe (1746–1818) berichtete von seinem Aufenthalt in Darmstadt im Jahr 1785: *Darmstadt ist für eine Residenzstadt gar nicht ansehnlich und erhebt sich nicht sehr über eine mittelmäßige Landstadt. Sie mag ungefähr 8000 Einwohner enthalten. Das Residenzschloss ist so groß angelegt worden, als wenn alle Fürsten Deutschlands zugleich darin wohnen sollten; allein es ist unvollendet geblieben. Auf den ersten Anblick glaubt man ein sehr großes Magazin zu sehen, weil das untere Geschoss noch immer nicht mit Glasfenstern versehen, sondern jede Festeröffnung mit Brettern zugenagelt ist.*

Und ein namentlich nicht bekannter Feldprediger, der 1794 mit preußischen Truppen nach Darmstadt kam, schrieb: *Darmstadt ist gerade eine solche Residenz, wie ich sie mir bei einem Reichsfürsten zweiter Größe dachte. Eine winklige, gotische Stadt, wo in der Mitte eine alte, vieldachige Burg, vom Wasser umgeben, steht. Zwar kriecht, wie der schöne Schmetterling aus der alten Hülle, aus dem alten Gemäuer ein neues Schloss hervor; aber schon während des langsamen Baues ward es zur Ruine, in deren tiefen Narben und Rissen sich schon das Geißblatt rankt.*

fertig gestellt, die Portale mit Figurenschmuck und Bauinschriften vollendet. Das Portal zum Marktplatz zierten neben einer Bauinschrift vier allegorische Frauenfiguren: Wohlstand, Gerechtigkeit, Liebe und Treue. In den Jahren 1724/25 folgte der Innenausbau des Landgräflichen Archivs im Westteil des Marktflügels, im Osten der Durchfahrt zog die Schlosswache ein. Im Erdgeschoss des Westflügels brachte man die Hofbibliothek und die Hauptstaatskasse unter. 1726/27 konnte nur noch der dritte Stock im östlichen Teil der Marktfront vollendet werden, danach lag der Bau bis auf Unterhaltungsmaßnahmen still, die Fenster waren mit Brettern verschlagen. Der Tod im Herbst 1726 hatte es dem Baumeister de la Fosse erspart, das Scheitern seines letzten Großprojekts mit ansehen zu müssen.

Mit der fürstlichen Bauherrlichkeit war es endgültig vorbei. Die Geldnot und Verschuldung Ernst Ludwigs und seines Sohnes und Nachfolgers Ludwigs VIII. verhinderten weitere Neubauprojekte. Als einziges größeres Gebäude in der Regierungszeit des Letzteren (1739–68) entstand 1750 das Waisenhaus vor dem Bessunger Tor, das zum großen Teil durch Spenden finanziert wurde. Erst Ludwig IX. sollte ab 1769 wieder mit der Errichtung öffentlicher Gebäude beginnen.

Jagdleidenschaft und höfische Feste

Eine weitere und ebenso kostspielige Liebhaberei Ernst Ludwigs war die Jagd. Er und Ludwig VIII. sind als »Jagdlandgrafen« in die hessische Geschichte eingegangen. Für die aus Frankreich eingeführte Parforcejagd ließ man mit erheblichem Aufwand neue Gebäude errichten, als Erstes das Jagdzeughaus in Kranichstein zur Unterbringung von Jagdutensilien und Hunden (1693). Zehn Jahre später entstand am Paradeplatz ein französisches Jagdhaus. 1709 begannen auf dem Areal des alten Bessunger Hofguts die Planungen für einen großen Parforcehof, der den für diese Art der Jagd benötigten riesigen Apparat – Pferde, Hunde, Bedienstete, Jagdzeug – aufnehmen sollte. Die Arbeiten konnten erst 1725 abgeschlossen werden. Vermutlich 1722 war der heute noch vorhandene große Jagdhofkeller fertiggestellt.

Die Einführung der Parforcejagd zeitigte für die Darmstadt umgebenden Wälder im wahrsten Sinne des Wortes »einschneidende« Veränderungen. Ein umfangreiches Netz breiter Schneisen wurde angelegt, um den Jagdgesellschaften ein schnelleres Fortkommen zu ermöglichen. Dazu kam eine große Zahl von Jagdschirmen, -häusern und -schlösschen. In der Tanne westlich Darmstadts entstand 1713 das Griesheimer Haus, ein auf einem aufgeschütteten Hügel errichtetes zweistöckiges Gebäude, von dem ein Schneisenstern in alle Richtungen ging und das man von Darmstadt aus bequem über die neu angelegte Stadtschneise, die heutige Schepp Allee, erreichen konnte. Bei Arheilgen entstand mit der Dianaburg ein weiteres Jagdschlösschen, und 1723 begann nördlich von Darmstadt der Bau des Jagdschlosses Wolfsgarten.

Die Jagdvergnügungen Ernst Ludwigs und Ludwigs VIII. vereinten die Darmstädter Hofgesellschaft und viele adlige

EIN HÖFISCHES FEST IN DER BESSUNGER ORANGERIE
Prinzessin Karoline, die spätere Große Landgräfin, berichtete in einem Brief vom 28.6.1768 an ihren Gatten über die Verlobung ihrer ältesten Tochter Karoline (1746–1821) mit Landgraf Friedrich von Hessen-Homburg (1748–1820): *Gestern fand zu Bessungen das Verlobungsfest Karolinens und des Landgrafen von Homburg statt. Unser Landgraf* (d. i. Ludwig VIII.) *hatte mir die Leitung davon übertragen und gewünscht, daß es zu Bessungen stattfinde. Die Orangerie war durch eine grüne Wand in zwei Teile geteilt. Man saß an einem Tische mit 62 Gedecken, und während dieser Zeit war die andre, für den Ball bestimmte Hälfte, erleuchtet. Man hatte entsprechend den Fensteröffnungen an der Wand grüne Bogen angebracht, alles das war von oben bis unten mit Lampions und mit Blumengebinden oben an die grüne Bogen geschmückt. Der Prinz Georg hat mich auf den Gedanken mit den Lampions gebracht, die eine schöne Wirkung hatten und eine verschwenderische Helligkeit verbreiteten. Die Masken begannen während unsers Abendessens zu tanzen; wir waren 24 Paare ... Ich habe so viel tanzen lassen, als man wollte, und wir kamen kurz vor sechs Uhr morgens nach Hause.*

Gäste zu rauschenden Festen, meist im Jagdschloss Kranichstein. Für zwei Generationen wurde es zum Mittelpunkt der höfischen Gesellschaft. Während Ernst Ludwig sich nur zeitweise hier aufhielt, wählte Ludwig Kranichstein zur Sommerresidenz. Zur Verköstigung der vielen Gäste, die anlässlich der Jagden das Schloss bevölkerten, ließ er eine neue Küche errichten. Zahlreiche Dienerschaft ermöglichte eine ebenso glänzende wie kostspielige Hofhaltung. Man kaufte in großer Menge exotische Früchte auf der Frankfurter Messe und beschäftigte Scharen von Köchen und Zuckerbäckern.

Für die Landbevölkerung wurde die Parforcejagd zur Plage. Die Bauern aus Bessungen, Arheilgen und weiteren Orten mussten oft tagelang ihre Felder verlassen und in Fronarbeit Treiberdienste leisten (die Bewohner Darmstadts waren davon befreit). Als »Dank« dafür verwüsteten das Wild, das von der Bevölkerung nicht gejagt werden durfte, und die Jagdgesellschaften selbst oft genug ihre Felder. Für die Jahre 1712–14 sind

123 Hetzjagden überliefert. Die Landgrafen ließen bisher als Felder benutzte Flurstücke aufforsten sowie Wald- und Gehölzflächen in Hege legen, hinderten die Bauern, ihre Kühe und Schweine in den Wald zu treiben, und entzogen somit Teile der Gemarkung der bäuerlichen Nutzung.

Die Bevölkerung der Gemeinden um Darmstadt verarmte in diesen Jahren zusehends. Die Zunahme des Wildes machte es den Bauern fast unmöglich, ihre Felder gewinnbringend zu bewirtschaften, durch die Einstellung der großen Bauprojekte in Darmstadt und Bessungen verloren viele Bauhandwerker und Steinhauer ihre Arbeit. Deshalb nahmen zahlreiche Familien die sich bietende Gelegenheit zur Auswanderung wahr: Beauftragte Kaiser Karls VI. warben überall mit Gewährung begrenzter Abgabenfreiheit um Auswanderungswillige nach Ungarn, das in den Jahren zuvor von den Türken befreit worden war. 1725 klagte der Bessunger Schullehrer Heinrich Georg Ebel, dass an seiner Besoldung *durch Abzug so vieler Seelen in Ungarn als auch Verarmung vieler Gemeinsleute und Beysaßen gar ein merkliches abgangen sei.*

Landgräfliche Theaterleidenschaft

Nicht nur der Wunsch nach äußerer Repräsentation und die Jagdbegeisterung waren Ernst Ludwig und Ludwig VIII. gemeinsam. Beider große Leidenschaft galt auch dem Theater. Ihr Vorfahr Ludwig VI. hatte die Professionalisierung des Theaterbetriebes eingeleitet und 1670 durch Umbau einer alten Reithalle am Birngarten (Alexanderstraße) einen der ersten festen Theaterbauten Deutschlands errichtet. Das Haus wurde zudem für Konzerte der Hofkapelle genutzt, nachdem Ludwig VI. mit Wolfgang Carl Briegel 1671 den ersten Hofkapellmeister eingestellt hatte.

Ernst Ludwig reichte das Gebäude nun nicht mehr aus. Mit der Verpflichtung des renommierten Hofkapellmeisters Christoph Graupner als Nachfolger Briegels stand 1709/10 ein Theaterneubau an, der aus finanziellen Gründen jedoch nur in einen erneuten Umbau mündete. Im Februar 1711 konnte

Graupner das neue Hofoperntheater mit einer Festaufführung seiner Oper »Telemach« feierlich eröffnen. Ernst Ludwig verpflichtete ein festes Ensemble von französischen Schauspielerinnen und Schauspielern, die das klassische französische Theater nach Darmstadt brachten. Für sie gestattete er sogar die Abhaltung katholischer Gottesdienste, was ihm geharnischte Kritik des lutherischen Konsistoriums eintrug. Doch das Ensemble musste aus finanziellen Gründen bereits 1718 wieder entlassen werden. Nur die Hofkapelle blieb in einer Stärke von etwa 20 Mann bestehen, darunter einige Sängerinnen und Sänger.

Nach der Wiedereröffnung des Theaters durch Ludwig VIII. engagierte dieser kein festes Ensemble mehr, sondern stellte das Haus wieder umherreisenden Schauspielgesellschaften und Wanderbühnen zur Verfügung. Diese spielten nun auch für die bürgerliche Bevölkerung, die gegen allerdings recht hohe Eintrittspreise Zugang zum Theater hatte. Bis dahin war ihr der Theaterbesuch verwehrt geblieben. Als Erbprinz Ludwig 1777 mit Liebhaber-Aufführungen im Operntheater begann, die von der landgräflichen Familie selbst und einigen Mitgliedern der Hofgesellschaft zum Vortrag gebracht wurden, hatten auch Darmstädter Bürger Zutritt, aber nach wie vor nicht die breite Öffentlichkeit. Immerhin waren laut der vom Erbprinzen eigenhändig geschriebenen Theaterordnung *Ratsherren und Bürgers und andere ehrbare Frauen* im 3. Rang und ihre Männer im Parterre zugelassen.

Die Vergnügungen der Bürgerschaft

Der Großteil der Darmstädter Bevölkerung konnte höfischen Festen nur als Zaungast beiwohnen. Stadtrat und Honoratioren waren gelegentlich bei Hofe eingeladen. Umgekehrt blieb die bürgerliche Stadtgesellschaft den Mitgliedern des Hofes verwehrt. Es war für sie nicht möglich, einfach zu Fuß durch die Stadt zu gehen und sich mit der Bevölkerung zu unterhalten. 1760 erhielt der Tanzmeister Le Roy von Ludwig VIII. die Erlaubnis, Bälle zu veranstalten, aber nur auf dem Rathaus als dem einzigen Orte, welchen die Personen von Stande und besonders von Hof besuchen können.

Die Kurzweil des Durchschnitts-Darmstädters bewegte sich streng getrennt vom höfischen Geschehen. Außerhalb des natürlichen Festkalenders von Geburtstag, Taufe und Hochzeit ergaben sich nur wenige Gelegenheiten zu feiern. Ein fester Termin war das »Bachfegen«, die Reinigung des Stadtbachs und des Kleinen Woogs, auch des Marktbrunnens, das regelmäßig mit einem Festmahl endete. Im Rathaus, das zugleich Festsaal der Stadt war, speiste alljährlich an Neujahr die Bürgerschaft auf städtische Kosten. Die Schützenfeste, bei denen die Darmstädter Schützen ihre Fähigkeit zur Stadtverteidigung unter Beweis stellten, gingen z. T. mit Preisschießen und anschließenden Feiern einher, bei denen die Stadt den Wein stiftete. Bei Jahrmärkten gab es Unterhaltung durch Gaukler und fahrende Musikanten ebenso wie durch wandernde Schauspielertruppen. Unterhaltung der makabren Art gönnte sich die Bevölkerung bei Hinrichtungen, die zahlreiche Schaulustige herbeiströmen ließen. Als man die Hinrichtungen ab etwa 1835 in das neu erbaute Gefängnis in der Rundeturmstraße verlegte, um sie der Öffentlichkeit zu entziehen, vermieteten findige Anwohner ihre Fenster und Balkone an Schaulustige, während gewiefte Veranstalter in den angrenzenden Straßen Tribünen errichteten, welche die Gefängnismauer überragten, bis die Polizei dies nach einiger Zeit unterband.

Regelmäßig entfaltete sich geselliges Leben im Rahmen von Kirchweihfesten, bei denen es meist deftig herging. Immer wieder beschwerten sich Pfarrer über die wüsten Kerbbräuche. Als das Darmstädter Konsistorium aufgrund vieler Beschwerden 1738 Berichte über den Ablauf der Kirchweihen anforderte, notiert u. a. der Arheilger Zentgraf Johann Lorenz Bindewald über die Arheilger Kerbeburschen, dass sie *nicht allein unweit dem Rathaus einen mit einem Crantz gezierten hohen Tannen-Baum aufrichten, sondern auch die Hüthe von denen Dorff-Nymphen mit Rosmarin und Bändern gleichsam becrönen ... und sich so unbändig dabey anstellen, daß weder Geist- und weltliche Obrigkeit die biß an den Hals mit Bier und Brandewein angefüllte Nachkommenschafft des Grobiani im Zaum und gehörigen Schranken zu halten im Stand ist.*

Alltag im absolutistischen Darmstadt

Das Leben der Bürgerschaft war im 18. Jh. stark vom Hof und von der fürstlichen Autorität geprägt. Landgraf Ernst Ludwig reglementierte die Stadtverwaltung gemäß seiner Auffassung von absoluter Herrschaft mit einer Flut von Vorschriften, gab erneuerte Zunftordnungen heraus und reformierte die Stadtverfassung. Weiterhin gab es Verordnungen über die Straßenreinigung, das Reinhalten des Stadtbaches, die Errichtung von Laternen und ihren Betrieb, den Missbrauch des Kaffeetrinkens, gegen den Müßiggang, übertriebenen Kleiderluxus, allzu ausgelassenes Feiern usw. Er beschnitt die Rechte von Rat und Bürgerschaft erheblich, unterwarf sie stärkerer staatlicher Kontrolle. 1726 dekretierte er, ihm persönlich obliege die Entscheidung, ob gewählte Rats- oder Bürgermeisterkandidaten auch tatsächlich ihr Amt antreten dürften. Er und seine Nachfolger setzten sich mehrfach über die Wahlentscheidungen hinweg, ernannten sogar Kandidaten, die gar nicht zur Wahl gestanden hatten. Zahlreiche Verordnungen mussten wiederholt eingeschärft werden – die Einwohnerschaft nahm es mit der Befolgung nicht so genau.

Aufgrund der zeitweise umfangreichen Bautätigkeit und des dauernd präsenten Hofes nahm die Zahl der Bauhandwerker und Baukünstler zu, ebenso die der Gewerbetreibenden, die für den Hof und seine gehobenen Ansprüche arbeiteten, wie Schneider, Strumpfstricker, Perückenmacher, Goldschmiede usw. Dafür ging die Zahl der Ackerleute zurück. Darmstadt war nicht mehr agrarisch geprägt, für die Versorgung mit Lebensmitteln sorgten jetzt die Bauern der umliegenden Dörfer. Der gesellschaftliche Umbruch in der Stadt wird auch am größeren Einfluss der Zünfte sichtbar – sie spielten jetzt den Gegenpart zum Stadtrat.

1721 erreichte die Einwohnerzahl erstmals die Marke von 3.000. Dies veränderte auch das Aussehen der Stadt. Sicher wurden jetzt die letzten durch die Kriege des 17. Jhs. entstandenen Baulücken geschlossen. Bauern verließen dafür die Stadt, weil dort kein Platz mehr für ihre Höfe war, und ließen sich in einer vor dem Sporertor entstehenden kleinen Siedlung nieder,

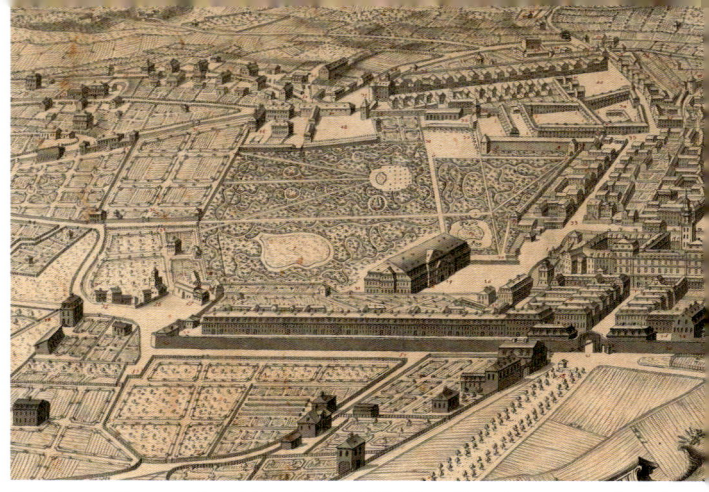

Ansicht von Darmstadt. – Johann Jakob Hill, Bleistiftzeichnung 1776, Detail

später »Pankratiusvorstadt« genannt. Neben die Bürgergesellschaft der Handwerker, Gewerbetreibenden und Kaufleute trat im 18. Jh. eine auf den Hof hin ausgerichtete Gesellschaft aus Beamten, Militärs, adligen Amtsträgern, Juristen, Hofmusikern und -künstlern sowie Theologen. Die Entwicklung der beiden parallelen Gesellschaften kommt auch in einer räumlichen Trennung zum Ausdruck. Während die Residenzgesellschaft vornehmlich in den großen, geräumigen Häusern der Alten und Neuen Vorstadt sowie um den Marktplatz wohnte, finden wir das handwerklich-kaufmännische Bürgertum in der Altstadt und entlang der Stadtmauer angesiedelt.

Abwendung des Staatsbankrotts – Darmstadt unter Ludwig IX.

Landgraf Ludwig IX. (1768–90) sah sich bei seinem Regierungsantritt einem riesigen Schuldenberg gegenüber. Seine erste und wichtigste Aufgabe bestand darin, die völlig zerrütteten Staatsfinanzen zu sanieren. Zunächst schaffte er 1769 die Parforcejagd ab und löste den Jagdstaat auf. Außerdem schränkte er den Theater- und Musikbetrieb drastisch ein und begann mit Reformen der Staats- und Wirtschaftsverwaltung,

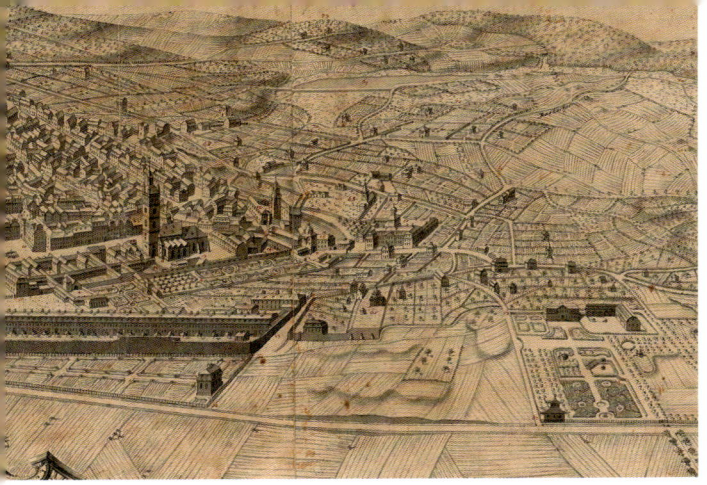

zu deren Umsetzung er 1772 den Juristen und Staatsrechtler Friedrich Carl von Moser (1723–98) als Staatsminister berief. Die desolate finanzielle Situation der Landgrafschaft beschrieb Moser folgendermaßen: *Der Name Darmstadt war so tief gesunken ... daß, wenn man das Ideal von Verwirrung, Unordnung, Ratlosigkeit kurz zusammenfassen wollte, man Darmstadt nannte. »Er ist ein Darmstädter« war in Frankfurt die Silhouette eines armen oder eines unbeholfenen Menschen. Beim Tod des alten Landgrafen waren nur an Waren- und Handwerksforderungen, rückständigen Besoldungen, Lohn der Livreedienerschaft und andern ähnlichen Posten über sechsmal hunderttausend Gulden Schulden vorhanden.* Moser ging seine Aufgabe durch Visitationen in der gesamten Landgrafschaft an. Gleichzeitig begann er, das alte Verwaltungs- und Rechtssystem zu modernisieren, und rief dadurch den Widerstand der Beamtenschaft hervor. Als er Ludwig IX. 1780 die Aufstellung eines weiteren Regiments verweigerte, wurde er, mittlerweile bei Landes- und Stadtverwaltung verhasst, umgehend entlassen.

Moser hinterließ drei für Darmstadt bedeutende Einrichtungen: 1777 ließ er am späteren Luisenplatz als Sitz der Landesbehörden das Kollegiengebäude errichten, das in seiner wiederaufgebauten Form bis heute Sitz des Regierungspräsidenten ist. Kurz zuvor hatte er in Bessungen einen Garten im englischen Stil angelegt. Tempel, künstliche Ruine, Eremitage und Weiher entsprachen ganz dem romantischen Geschmack der Zeit. Baumeister und Ratsmitglied Johann Martin Schuhknecht (1724–90) errichtete das im Zentrum der Anlage, des heutigen »Prinz-Emil-Gartens«, stehende Sommerhaus. Zum Dritten schuf Moser mit den sog. »Moserschen Tabellen«, die er als Grundlage seines Reformwerks aufstellen ließ, das erste verlässliche statistische Werk Hessen-Darmstadts. Die Hauptstadt hatte demnach 1777 genau 9.038 Bewohnerinnen und Bewohner. Zur gewerblichen Bevölkerung zählten 79 Schuster, 57 Schneider, 51 Acker- und Fuhrleute, 37 Metzger, 28 Bäcker, 24 Bierbrauer und Küfer, zugleich großteils Gastwirte, 22 Schreiner, 21 Krämer, 17 Säckler und Taschenmacher. 250 Bedürftige wurden aus dem Armenfonds versorgt. 574 Gebäude gab es in der Stadt, darunter 518 Häuser, 53 Scheunen und 3 Mühlen. Von der Gemarkung von 4.327 Morgen (1 Morgen = ca. 3.100 m^2) waren 2.114 Morgen Ackerland, 322 Morgen Wiese, 311 Morgen Gärten und nur noch 170 Morgen Weingärten, da der Weinbau schon stark zurückgegangen war.

1.305 Personen zählten zu den Beamten und zur Hofdienerschaft, 3.045 waren dem Militärstaat zuzurechnen. Diese im Verhältnis zur Einwohnerzahl ungewöhnliche Größe an Militärpersonal erklärt sich mit der Ausweitung der Darmstädter Garnison. Ludwig IX. residierte meist in Pirmasens. Der Ort gehörte zur Grafschaft Hanau-Lichtenberg, die Hessen-Darmstadt nach dem Tod des letzten Hanauer Grafen 1736 als Erbschaft zugefallen war. Dort ließ der Landgraf seine Truppen nach selbst komponierten Märschen exerzieren und errichtete Unterkünfte für mehrere Regimenter. Aber auch in Darmstadt legte er ein ausgedehntes Militärbauprogramm auf. Die Infanteriekaserne am Birngarten (Alexanderstraße), Mitte des Jahrhunderts für 200 Mann errichtet, wurde 1769/70 unter Hinzunahme des Marstalls, der Kutschenremise sowie von Teilen des alten Wirtschaftshofes zu einem Kasernenkomplex für das auf über 700 Mann verstärkte Leibregiment zu Fuß ausgebaut. Das ehemalige Posthaus am Neuen Tor (an der Stelle des Luisencenters) ließ Ludwig zur Kaserne für die Leibgardereiter umbauen. Zwischen Schloss und Herrngarten errichtete Schuhknecht 1772 ein neues Exerzierhaus, das wegen seiner Größe europaweit Aufsehen erregte. Die freitragende Dachkonstruktion erhob sich über einer Halle von 88 x 44 m, in der ein ganzes Regiment exerzieren konnte. Das Exerzierhaus musste 1892 dem geplanten Neubau des Landesmuseums weichen. Die Kasernenbauten Ludwigs befreiten die Residenzstädter endlich von den lästigen Einquartierungen. Während die Rekruten und einfachen Soldaten in den Kasernen selbst untergebracht waren, hatten Unteroffiziere und Offiziere mit ihren Familien Wohnungen in der Stadt. Auch hier führte sicher Platzmangel zur Ansiedlung von Militärangehörigen der unteren Ränge und von einigen Invaliden in der Pankratiusvorstadt im Norden. Die Gardistenstraße verdankt ihnen ihren Namen.

Eine von Johann Jakob Hill 1776 angefertigte Stadtansicht von Westen (s. S. 78/79) zeigt uns mit erstaunlicher Genauigkeit die Residenzstadt Ludwigs IX. Wie eine Barriere wirkt die lang gezogene Reihe der Häuser entlang der Luisenstraße und des Mathildenplatzes. Im Vordergrund erkennt man die neu angelegte moderne Chaussee der Bergstraße. Die mittelalterliche Trasse, die wie die meisten Fernstraßen als Höhenweg lief und feuchte Niederungen und Flussläufe mied, führte von Darmstadt kommend über die heutige Karlstraße nach Bessungen und über die Ludwigshöhstraße und die alte Kastanienallee auf die Alte Darmstädter Straße (Heinrich-Delp-Straße) nach Eberstadt. Der Name »Bergstraße« begegnet in seiner lateinischen Form *platea montana* bzw. *platea montium* erstmals 1002, die Straße an sich bereits um 770 als *strata publica* (Landstraße). Um 1760 hatte die kurpfälzische Regierung die Handelsstraße von Heidelberg nach Weinheim als breite geradlinige Chaussee ausgebaut. Die hessische Regierung folgte auf besonderen Wunsch Ludwigs IX. etwa ein Jahrzehnt später mit dem Ausbau zwischen Darmstadt und Zwingenberg. Die Straße wurde begradigt und etwas nach Westen verschoben. Ihre Bequemlichkeit ergab sich aus ihrer Breite, Geradlinigkeit und Steigungsarmut. Auch größere Transporte kamen jetzt schneller voran. An der neuen Straße entstand kurz nach 1770 südlich von Bessungen das Chausseehaus als Gasthaus, Poststation und Zollerheberstelle (auf der Ansicht von 1776 gut zu erkennen).

Einige Jahre später folgte der Ausbau der Chaussee nach Arheilgen Richtung Frankfurt, die am Mathildenplatz ansetzte (heutige Frankfurter Straße).

Die Große Landgräfin und der Kreis der Empfindsamen

Landgräfin Karoline (1721–74), eine begeisterte Jägerin, war überhaupt nicht davon angetan, dass ihr Gatte Ludwig IX. 1769 die Parforcejagd abgeschafft hatte. Zudem mutete er ihr in Darmstadt eine lediglich bescheidene Hofhaltung zu. 1769 hatte sie im Westflügel des Schloss-Neubaus Zimmerfluchten für sich und ihren Gatten geplant, aber die erforderlichen Mittel waren nicht bewilligt worden. Stattdessen stockte man 1772 den Verbindungsbau zwischen Kirchen- und Glockenbau auf, um Wohnraum für die Landgräfin zu schaffen. Während der Abwesenheit des Landesherrn leitete sie den Darmstädter Hof und fand Unterstützung bei ihrem Schwager Prinz Georg Wilhelm. Dieser erweiterte sein Stadtpalais am Marktplatz mit dem Bau des Mecklenburgischen Palais, in dem seit 1786 seine früh verwaisten Enkeltöchter Friederike und Luise von Mecklenburg-Strelitz aufwuchsen; Letztere verlobte sich in Darmstadt 1793 mit dem Preußischen Thronfolger Friedrich Wilhelm (III.) und wurde als Königin Luise von Preußen berühmt.

Karoline verdanken wir die Umgestaltung des Herrngartens in einen englischen Landschaftsgarten und damit sein heutiges Erscheinungsbild. Die geplante Umgestaltung der Orangerie verhinderte ihr Mann, der geometrisch gestaltete Barockgärten mehr liebte als die *Jardins à l'Anglaise*. Im Herrngarten befindet sich bis heute ihre Grabstätte mit der von Preußenkönig Friedrich dem Großen übersandten Gedenkurne und der Inschrift *femina sexu, ingenio vir* (eine Frau von Geschlecht, an Geisteskraft ein Mann). In die Geschichte ging Karoline als die »Große Landgräfin« ein, nicht wegen ihrer administrativen Verdienste, sondern wegen ihrer geistig-kulturellen Ausstrahlung und ihrer erfolgreichen Heiratspolitik. Sie interessierte sich für Literatur, Pädagogik und Philosophie, las die Aufklärer Diderot und Rousseau, korrespondierte mit

Das Goethehäuschen auf dem Merckschen Gartengrundstück in der Luisenstraße. – Anonyme Zeichnung, Mitte des 19. Jhs.

Voltaire und Friedrich dem Großen und brachte ihre zahlreichen Töchter an den Höfen in Petersburg, Berlin, Homburg, Weimar und Karlsruhe unter. Ab 1771 förderte sie einen Kreis von Dichtern und Mitgliedern der Darmstädter Hofgesellschaft, den »Kreis der Empfindsamen«, konnte aus Standesrücksicht jedoch nicht direkt an dessen Treffen teilnehmen.

Treibende Kraft dieses Kreises war der Darmstädter Kriegsrat und Verleger Johann Heinrich Merck (1740–91). In seinem Haus und in dem des nebenan wohnenden Geheimrats und Ministers Andreas Peter von Hesse (1728–1803) trafen sich Mitglieder der Hofgesellschaft und aufstrebende Dichter, darunter Christoph Martin Wieland (1733–1813) und Friedrich Klopstock (1724–1803). Ebenso gehörten zum Kreis die Hofdamen Henriette von Roussillon (1745–73), von den Freunden nach der Musengöttin der Astronomie »Urania« genannt, und Louise von Ziegler (1747–1814), alias »Lila«, sowie Caroline Flachsland, genannt »Psyche«. Letztere lernte hier ihren

DAS GOETHEHÄUSCHEN

Der Name Goethes ist auch mit einem kleinen barocken Fachwerkgebäude, einem Gartenhäuschen, verbunden, das sich auf dem Grundstück Johann Heinrich Mercks hinter seinem Wohnhaus in der Luisenstraße befand. Nach einer Überlieferung, die allerdings nicht durch Quellen gestützt ist, soll Goethe, als er bei Merck weilte, das Haus entdeckt und für sich als Aufenthaltsort erbeten haben, wenn er in Darmstadt weilte. Hier habe er übernachtet und gearbeitet. Das Gebäude hatte nur zwei große Zimmer im Erdgeschoss und im ersten Stock, über eine Außentreppe zu erreichen. Im 19. Jh. lag das Gartenhaus auf dem Gelände der Schuchardschen Hutfabrik und wurde angeblich 1887 bei der Anlage der Schuchardstraße abgerissen.

späteren Ehemann Johann Gottfried Herder (1744–1803) kennen. Merck führte den jungen Johann Wolfgang Goethe in den Kreis ein, dessen Schauspiel *Götz von Berlichingen* er 1771 in Darmstadt herausbrachte. Der ebenfalls hier erschienene *Werther* ist wohl nicht denkbar ohne die Erfahrungen mit dem »Kreis der Empfindsamen«. Landgräfin Karoline wiederum verehrte Klopstock und ließ 1771 dessen Oden und Elegien in Darmstadt drucken. Die Empfindsamen trafen sich zu Spaziergängen und Wanderungen, z. B. am Herrgottsberg im Bessunger Wald, wo der Goethefelsen bis heute an diese Zusammenkünfte erinnert. Man las sich gegenseitig Texte und Gedichte vor, schwärmte für die wiederentdeckte Natur und tauschte Briefe aus. Nach wenigen Jahren verlor sich der Kreis. Karoline starb 1774, ein Jahr nach Henriette von Roussilion. Andere Mitglieder, etwa Herder und Caroline Flachsland, verließen Darmstadt. Goethe, der bis zu seiner Übersiedlung nach Weimar 1775 häufig in Darmstadt und bei Merck zu Besuch war, hat den Empfindsamen in seiner Autobiografie *Dichtung und Wahrheit* ein Denkmal gesetzt: *Wie sehr dieser Kreis mich belebte und förderte, wäre nicht auszusprechen.*

Das lange 19. Jahrhundert – Darmstadt im Großherzogtum Hessen (1806–1914)

Von der Landgrafschaft zum Großherzogtum

Das 18. Jh. endete für die Landgrafschaft Hessen-Darmstadt und für die Haupt- und Residenzstadt mit kriegerischen Auseinandersetzungen. Der im April 1790 zur Regierung gelangte Ludwig X. (1753–1830) hatte große Angst vor einem Eindringen der Ideen der Französischen Revolution in sein Land. Als nach dem gescheiterten ersten Koalitionskrieg französische Armeen im Oktober 1792 am Rhein standen und Frankfurt eroberten, wurden die hessen-darmstädtischen Truppen in Alarmbereitschaft versetzt, Hof und Regierung evakuiert. Zugleich versuchte man, die Verbreitung revolutionärer Ideen durch verstärkte Polizeiaktivitäten zu verhindern. Es kam dennoch zu Unruhen, v. a. seitens der Zünfte. Ende 1792 wurde erstmals in Darmstadt ein Freiheitsbaum vor dem Zunfthaus der Schreinerzunft errichtet. Wirklich ernst für Darmstadt und die Region wurde es, als im August 1796 französische Soldaten die Residenz besetzten, Geiseln nahmen und erhebliche Summen an Kriegskontribution forderten, die die Bevölkerung über Sondersteuern aufbringen musste. Ludwig X. war bereits im September 1795 mit dem gesamten Hofstaat nach Eisenach geflohen, dessen Landesherr, Herzog Carl August von Sachsen-Weimar, mit einer Schwester des Landgrafen verheiratet war, ihm Asyl gewährte.

Nach den Friedensschlüssen von Basel im Mai 1795, Campo Formio 1797 und Lunéville 1801 zwischen Frankreich, Preußen und Österreich ging das linke Rheinufer endgültig für das Deutsche Reich verloren. Als Entschädigung für verlorenes Territorium dienten im sog. Reichsdeputationshauptschluss 1803 v. a. die geistlichen Territorien, also Bistümer, Klöster und Stifte. Hessen-Darmstadt erhielt für an Frankreich abgetretene Landesteile, v. a. für die im Elsass und in der Pfalz gelegene Grafschaft

Hanau-Lichtenberg, das ehemals zum Erzbistum Köln zählende Herzogtum Westfalen mit der Hauptstadt Arnsberg, die Abtei Seligenstadt sowie ehemals Mainzische Ämter und Orte im Ried, an der Bergstraße und im Odenwald.

Als Ludwig 1805 nicht auf ein Bündnisangebot Napoleons einging, ließ dieser Anfang 1806 die Obergrafschaft besetzen. Das Hauptquartier schlugen die Franzosen in Darmstadt auf, die Stadt und die umliegenden Orte Eberstadt, Arheilgen, Wixhausen und Bessungen hatten Einquartierungen zu tragen. Die Besetzung endete erst, nachdem Hessen-Darmstadt am 16.7.1806 dem von Frankreich dominierten Rheinbund beigetreten und dafür zum Großherzogtum erhoben worden war. Ludwig X. nannte sich nun Großherzog Ludewig I. und durfte sich fortan mit »Königliche Hoheit« anreden lassen. Hessen-Darmstadt sagte sich zusammen mit weiteren Staaten vom Deutschen Reich los. Der Beitritt zum Rheinbund brachte erneut territoriale Zugewinne, dafür musste Hessen-Darmstadt in den folgenden Jahren immer wieder Truppen für Frankreich stellen. Tausende von Hessen-Darmstädtern starben in den Feldzügen Napoleons gegen Preußen (1806/07), Spanien (1808–12), Österreich (1809) und Russland (1812/13). Die Kosten für die Truppenerhebungen brachten das junge Großherzogtum an den Rand des wirtschaftlichen Ruins. Als nach der Völkerschlacht bei Leipzig im Oktober 1813 Großherzog Ludewig I. gerade noch rechtzeitig die Fronten wechselte, zogen hessische reguläre Truppen und neu aufgestellte Regimenter der freiwilligen Jäger 1814 gegen Frankreich. Wie alle hessischen Gemeinden in Starkenburg hatten auch Darmstadt und Bessungen unter den Folgen und finanziellen Belastungen der Kriege mit und gegen Frankreich zu leiden. Zu den jährlich zu entrichtenden Kriegskontributionen, die allmählich zu einer festen Steuer wurden, kamen Einquartierungslasten, Militärfuhren und sonstige Ausgaben. Die Abtragung der Schulden aus den Napoleonischen Kriegen belastete die kommunalen Finanzen noch für Jahrzehnte.

Nach der Niederlage Napoleons und dessen Abdankung im Frühjahr 1814 stand nichts Geringeres als eine Neuordnung Europas auf der Tagesordnung, die v. a. Thema des seit September 1814 tagenden Wiener Kongresses war. Die Intention vieler Fürsten, das Rad der Geschichte zurückzudrehen und den adligen Ständestaat wiederzubeleben, war von vornherein zum Scheitern verurteilt. Zu sehr hatten die Kriege gegen Frankreich, aber auch die mittlerweile überall zum Tragen gekommenen liberalen Ideen der Französischen Revolution die Gesellschaft Europas verändert. Mit der Wiener Schlussakte vom 9.6.1815 musste Ludewig I. das Herzogtum Westfalen und die Grafschaft Wittgenstein gegen seinen erklärten Willen an Preußen abgeben. Als Ausgleich erhielt Hessen-Darmstadt auf dem linken Rheinufer die Stadt Mainz und Umland, den Großteil des Kreises Alzey mit Bingen, Oppenheim und Ingelheim sowie aus dem Kreis Speyer die Gemeinden Worms und Pfeddersheim, die gemeinsam die neue Provinz Rheinhessen bildeten.

Hessen-Darmstadt hat aus den territorialen Umwälzungen der napoleonischen Zeit insgesamt großen Gewinn gezogen. Aus der kleinen Landgrafschaft war das auf mehr als das doppelte seines ursprünglichen Territoriums angewachsene Großherzogtum Hessen entstanden, auch die Zahl der Einwohner hatte sich verdoppelt. Das Land war nun eingeteilt in die drei Provinzen Starkenburg mit der Hauptstadt Darmstadt, Oberhessen mit Gießen und Rheinhessen mit Mainz.

Georg Moller und der Ausbau Darmstadts

Die Haupt- und Residenzstadt Darmstadt erhielt eine neue Bedeutung als Verwaltungssitz dieses beträchtlich vergrößerten Staates. Die Einwohnerzahl stieg von knapp 10.000 zur Jahrhundertwende auf etwa 25.000 im Jahr 1830. Hof und Beamtenschaft wuchsen und benötigten größere Verwaltungsgebäude und standesgemäße Wohnungen. Für die Truppen der vergrößerten Garnison mussten Kasernen errichtet werden. Diesem Zuwachs konnte nur mit einer groß angelegten Stadterweiterung begegnet werden. Bis dahin war Darmstadt noch ein überschaubares Gemeinwesen. Neben dem Fürsten und seiner Regierung bestimmten nach wie vor das aus 12 Honora-

ZEITZEUGE

DARMSTADT ZU BEGINN DES 19. JAHRHUNDERTS
Ein unbekannter Zeitzeuge berichtete im August 1865 in der *Darmstädter Zeitung* über seine Jugend zu Beginn des 19. Jhs.: *Das alte gute Darmstadt schloss gleich unterhalb des Luisenplatzes mit dem Neutor ab ... In der neuen Vorstadt und der sich allmählich anschließenden Rheinstraße gedieh zwischen dem Pflaster üppiger Graswuchs, dass eine Ziegenherde reichliche Weide gefunden hätte. Und nun die Altstadt – Himmel, welch Gewinkel! Wie hockten die Gässchen und Häuschen auf- und ineinander bis an die ruinenhafte Katzenmauer, einen Überrest der alten Festungswerke ... Der Birngarten, Ballonplatz, die alte Vorstadt waren schon vornehmer, doch verrieten noch ihre giebelförmigen Häuser ihre ehrwürdige Abkunft. In dieser Altstadt war viel Trödelkram.*

tioren bestehende Ratsgremium und die beiden Bürgermeister die Geschicke der Stadt.

Ludwig X. hatte nach seinem Regierungsantritt sofort begonnen, den als dringlich eingestuften Ausbau der westlichen Vorstadt voranzutreiben. Baumeister Johann Helfrich von Müller (1746–1830) legte 1791 einen Bebauungsplan vor, der ganz auf die symmetrische Anordnung der Straßen und Wohnquartiere um die dominierende Rheinstraße angelegt war, die von Westen auf das Schloss zulief. Die Planungen kamen auf Grund der Auseinandersetzungen mit dem revolutionären Frankreich nur schleppend voran, bis 1810 waren erst wenige Neubauten entstanden. Nach Kriegsende sollte eine repräsentative Stadtanlage die herausgehobene Stellung der Haupt- und Residenzstadt vor aller Augen führen. Als Johann Helfrich von Müller über die Ausgestaltung der Neustadt mit seinem Fürsten in Streit geriet, beauftragte dieser 1810 den jungen Architekten Georg Moller (1784–1852) mit der weiteren Planung. Dieser fand den Luisenplatz schon vollständig bebaut vor, in der mittleren Rhein-, der Wilhelminen- und der Grafenstraße standen die ersten Häuser. Dennoch legte er einen eigenständigen Bebauungsplan vor. Er veränderte die symmetrisch auf die Achse der Rheinstraße ausgerichtete Stadtanlage zugunsten der stärkeren Betonung zweier Nord-Süd-Achsen: Neckarstraße sowie

Palaisgarten – Luisenplatz – Mathildenplatz. Außerdem sah Mollers Idee ein nach Südwesten und Süden hin wesentlich vergrößertes Baugebiet vor, das sich Richtung Bessungen orientierte. Als Geschäftsviertel und als Verknüpfung von Alt- und Neustadt legte er um 1825 den Ludwigsplatz und die östlichen anschließenden Geschäftsstraßen der Ludwig- und Schulstraße an. In den hinter dem Marktplatz gelegenen Gärten entstand ab 1863 als weitere Geschäftsstraße die Ernst-Ludwig-Straße.

Moller machte den Luisenplatz zur zentralen Platzanlage der Residenz, wo Erbprinz Ludwig, der spätere Großherzog Ludwig II. (1777–1848), seit 1804 im für ihn umgebauten Alten Palais residierte. Im Kollegiengebäude gegenüber arbeitete die Landesregierung und im Palais des Prinzen Christian in der Südwestecke hatte ab 1838 der Hessische Landtag sein Domizil. Der Luisenplatz war somit nicht nur das Zentrum Darmstadts, sondern auch des Großherzogtums. Als Denkmal der ersten hessischen Verfassung, die die Stände dem Großherzog 1820 abgerungen hatten, erhebt sich auf dem Luisenplatz seit 1844 der *Lange Ludwig*. Südlich des Luisenplatzes, rings um die Ludwigskirche, wuchs während des 19. Jhs. das Diplomatenviertel. Hier lagen die Gesandtschaften, hier wohnten hohe Regierungsvertreter, Abgeordnete der beiden hessischen Kammern und sonstige einflussreiche Persönlichkeiten. Damit verlor der Marktplatz seine alte Bedeutung als Zentrum der Stadt. Er wurde in das neue Geschäftsviertel um Ludwigsplatz, Schul- und Ludwigstraße einbezogen. 1852, beim Tode Mollers, war die Neustadt im Wesentlichen vollendet. Sie erstreckte sich von der noch unbebauten Promenade (Bismarckstraße) im Norden bis zur Riedeselstraße im Süden und öffnete sich in Richtung Bessungen. Im Westen bildeten die Heidelberger Straße und die Eisenbahnlinie die Grenze.

Moller verlieh der von ihm in vier Jahrzehnten geschaffenen Stadtanlage, die letztendlich doppelt so groß war wie die gesamte ältere Stadt, durch die Schaffung von Grünanlagen und Plätzen, aber v. a. durch die Errichtung monumentaler klassizistischer Gebäude ein hauptstädtisches Gepräge. Sie sollten architektonische Akzente setzen, jedoch auch der gesellschaftlichen Kommunikation des residenzstädtischen Publikums dienen. In

Der Stadtplan von Darmstadt um 1820 zeigt die erste Ausbaustufe der von Georg Moller geplanten Neustadt, die sich wesentlich von der sich östlich von Schloss und Marktplatz drängenden Altstadt absetzt.

den Jahrzehnten nach 1815 entwickelte sich eine von Hof und Beamtenschaft geprägte aufgeklärte, aber dabei konservative bürgerliche Stadtgesellschaft, beeinflusst auch durch die in der Tradition des aufgeklärten Absolutismus stehende Kunst- und Kulturpolitik Ludewigs I., die wesentlich von seinem engen Vertrauten und Kabinettssekretär Ernst Christian Schleiermacher (1755–1844) getragen wurde. Der Großherzog öffnete 1817 die Hofbibliothek und 1820 die großherzoglichen Sammlungen, das heutige Landesmuseum, für die Allgemeinheit. Er förderte begabte Maler durch Einrichtung einer Malerschule und durch die Vergabe von Stipendien für Auslandsreisen. Einen sicheren Instinkt bewies er, als er 1824 auf Anraten Schleiermachers dem jungen Darmstädter Chemiker Justus Liebig (1803–73) ohne ausreichende Qualifikation eine Professur an der Universität Gießen verlieh und damit eine der glänzendsten wissenschaftlichen Karrieren des 19. Jhs. ermöglichte. Ludewig I. reformierte das höhere Schulwesen Darmstadts durch Gründung einer Realschule, die kaufmännische und naturwissenschaftliche Fächer in den Vordergrund stellte. Aus ihr gingen nicht nur die meisten heutigen Darmstädter Gymnasien hervor, sondern auch die Technische Universität.

An der Ecke Rhein- und Neckarstraße erbaute Moller 1816 das Kasino der Vereinigten Gesellschaft, die aus zwei älteren Clubs entstanden war. Hier traf sich das residenzstädtische Bürgertum zu Lese- und Spielabenden, veranstaltete Bälle und Konzerte und pflegte das gesellige und gesellschaftliche Leben. Angehörige der Bürgerschaft kamen mit Offizieren und Mitgliedern des Hofes zusammen. Gleiches galt auch für das Logengebäude, 1818 ebenfalls von Moller für die Freimaurerloge »Johannes der Evangelist zur Eintracht« errichtet. Zu den Mitgliedern zählten Angehörige des Hofes und der Beamtenschaft, aber auch viele Künstler. Das im November 1819 nördlich des Schlosses eingeweihte neue Hoftheater war mit einer Kapazität von rund 2.000 Plätzen bewusst für breitere Bevölkerungskreise gedacht. Für geringen Eintritt konnte das Publikum spektakuläre Inszenierungen, vornehmlich Opern, genießen.

Insgesamt verlagerte sich das gesellschaftliche Leben in der ersten Jahrhunderthälfte vom Hof zunehmend in die Bürgerhäuser und die Säle der Stadt. Hierzu trugen neben den geselligen Clubs auch die ersten Gesangs- und Instrumentalvereine bei, z.B. der Singverein von 1821 und der 1832 gegründete Musikverein. 1833 erfolgte die Gründung des Kunstvereins und des Historischen Vereins, 1835 des Vereins für Literatur. Die berufliche und soziale Abgrenzung innerhalb der städtischen Gesellschaft wurde allmählich überwunden. Die meist bürgerliche Beamtenschaft und das mit ihr familiär und gesellschaftlich eng verflochtene Besitz- und Bildungsbürgertum stellten die Führungsschicht in der Haupt- und Residenzstadt dar und pflegten enge Kontakte mit dem Hof und der Fürstenfamilie, die nach wie vor von erheblicher Bedeutung für die Reputation waren. Der großherzogliche Hof hatte eine durchaus integrierende Funktion, wenn er bei vielen Gelegenheiten Adel, bürgerliche Elite, Beamtenschaft und Offiziere der Garnison zusammenführte.

Auf dem Riedeselberg entstand als südlicher Abschluss der Wilhelminenstraße, gleichsam als *Point de Vue*, in den Jahren

1822–27 die Kirche St. Ludwig für die seit 1790 wieder zugelassene katholische Gemeinde. Die nicht von ungefähr dem hl. Ludwig geweihte Kirche stellte auch ein Symbol der Toleranzpolitik Ludewigs I. dar. Hier setzte er sich als fürsorglicher Landesvater selbst ein Denkmal. Diese Bestimmung erklärt die exponierte Lage und die an das römische Pantheon angelehnte ungewöhnliche Form des Zentralbaus.

Soziale Krise und politische Reformen

Ludewig I. begriff sich selbst als Wohltäter, der in väterlicher Sorge um sein Volk handelte. Er wollte sein Land und Volk zwar weise, aber aus eigener Machtvollkommenheit regieren und reagierte sehr verärgert auf die Forderungen von studentischen und bürgerlichen Oppositionsgruppen nach politischer Mitbestimmung und Teilhabe an der Macht: Dabei mahnte diese Opposition lediglich die Erfüllung der in der Schlussakte des Wiener Kongresses 1815 enthaltenen Bestimmung an, die in allen Staaten des Deutschen Bundes die Einführung von Verfassungen vorsah. Ludewig dachte allerdings nicht daran, dies umzusetzen. 1806 hatte er mit der Bemerkung, die ständische Mitsprache sei in einem souveränen Staat unnötig, unnütz und gefährlich, alle landständischen Einrichtungen in Hessen-Darmstadt aufgehoben. Großherzog und Staatsführung wollten sich auch nach 1815 nicht dazu bequemen, eine Verfassung und damit ein Parlament einzuführen. In der Folge kam es in den Jahren 1817–19 zu Unruhen und Protestkundgebungen im ganzen Land. Die revolutionären Studenten, Beamten und Militärs machten sich dabei das Protestpotential zunutze, das bei vielen Menschen durch immer wiederkehrende Notzeiten entstanden war. Gründe waren starkes Bevölkerungswachstum und eine dadurch bedingte Vergrößerung des sozialen Gefälles, aber auch Naturkatastrophen. Die verregneten Sommer 1816 und 1817 hatten Missernten zur Folge, die im Odenwald zu einer regelrechten Hungersnot, aber auch in Darmstadt zu großer Not führten. Private Initiativen unterstützten Hungernde mit öffentlichen Suppenküchen. 1817 ließen Erbgroßherzog

Ludwig (II.) und Erbprinzessin Wilhelmine auf einem von ihnen erworbenen Grundstück zwischen Eschollbrücker Straße und Schepp Allee durch Notstandsarbeiter einen Garten anlegen, der wegen der vorzugsweise dort angepflanzten Sträucher Akaziengarten genannt wurde und wird. Der Erdhügel in der Südostecke des Gartens führte im Volksmund den Namen »Hungerberg«. Dem äußerlich glänzenden Aufstieg zur Haupt- und Residenzstadt, dem ambitionierten Bauprogramm Mollers, dem Aufschwung von Kultur und Bildungswesen standen Arbeitslosigkeit, Armut und Ausweglosigkeit der unterprivilegierten Schichten gegenüber, die ihrem Ärger durch den Ruf nach politischen Reformen Luft machten.

Die oppositionellen Kräfte initiierten eine Verfassungs- und Petitionskampagne, deren Führung eine Darmstädter Vereinigung von zumeist jüngeren Beamten, Anwälten und Offizieren übernahm, die man nach der schwarzen Tracht der radikalen Burschenschafter *Darmstädter Schwarze* nannte. Flugschriften förderten die Ausbreitung der Protestbewegung, die im Odenwald teils zu Aufruhr und zu Steuerverweigerungen führte. Unter dem Druck der Ereignisse erließ Ludwig I. im März 1820 ein Verfassungsedikt, das jedoch als völlig unzureichend von den Ständen, den Mitgliedern des im Juni 1820 erstmals gewählten Landtags, abgelehnt wurde. Nach weiteren Verhandlungen erreichten sie die Verabschiedung einer Verfassungsurkunde am 17.12.1820, in der eine parlamentarische Volksvertretung und verschiedene Bürgerrechte, z. B. die Gleichheit aller Menschen vor dem Gesetz, verankert waren. Zu den Auswirkungen der Verfassung gehörte die Einführung einer neuen Justiz- und Gemeindeverfassung. Auf allen Ebenen führte man die uns heute so selbstverständliche Trennung von Justiz und Verwaltung durch. Künftig waren Landratsämter für die Verwaltung und Landgerichte für die Rechtsprechung zuständig. Bessungen gehörte wegen seiner Nähe zu Darmstadt zum Landrats- und Gerichtsbezirk der Hauptstadt. Nach der erneuerten Kreisordnung von 1852 gehörten dem Kreis Darmstadt Bessungen, Pfungstadt, Hahn, Eich und Eschollbrücken an.

Die Gemeindeordnung vom 30.6.1821 führte erstmals eine kommunale Selbstverwaltung ein. Das Amt des Schultheißen als verlängertem Arm des Ortsherrn wurde abgeschafft. An der Spitze der Verwaltung standen nun der Bürgermeister und zwei Beigeordnete, jeweils für sechs Jahre vom Gemeinderat gewählt. Erster Bürgermeister nach der neuen Ordnung war Johann Michael Hofmann (1821–33); ihm folgten Karl Lauteschläger (1833–35), Georg Brust (1835–48), Justus Kahlert (1848–62) und Johann Adam Fuchs (1862–74). 30 ebenfalls gewählte Gemeinderatsmitglieder bestimmten nun die Geschicke Darmstadts. Ihre Zahl stieg mit der Zeit an. Heute zählt das Darmstädter Stadtparlament 71 Mitglieder. Die Gemeindeordnung schuf auch ein neues Ortsbürgerrecht. Die Einwohner Darmstadts gliederten sich vor 1821 in Ortsbürger und Beisassen. Nur die (männlichen) Ortsbürger besaßen alle der Bürgerschaft zustehenden Rechte, viele Handwerker, Beamte, Tagelöhner, Dienstleute und Juden zählten zu den Beisassen mit eingeschränkten Rechten oder zu den Tolerierten, die überhaupt keine Gemeinderechte besaßen. Nun konnte jeder erwachsene Inländer das Ortsbürgerrecht erwerben, sofern er es nicht kraft seiner Geburt bereits besaß. Er musste jedoch ein gewisses Vermögen nachweisen und das Einzugsgeld entrichten können.

Trotz der Einführung von Verfassung, Parlament und Gemeindeordnung sowie der Verabschiedung einiger fortschrittlicher Gesetzesvorhaben (Abschaffung der Leibeigenschaft und der Frondienste, Ablösung der bäuerlichen Grundlasten und der Steuerprivilegien des Adels) verbesserte sich die Lage großer Teile der Bevölkerung, gerade in den ländlichen Gebieten, kaum. Wenig ertragreiche Böden, rückständige Produktionsmethoden, weiter bestehende alte Feudalrechte des Adels, Missernten, Preisverfall und hohe Abgaben führten zur Verarmung einer ganzen Bevölkerungsschicht. Auch in Darmstadt verschärften sich die Lebensumstände vieler Menschen. Nur ein kurzer Fußmarsch trennte die Bewohner der Mollerstadt und der angrenzenden gutbürgerlichen Wohngebiete von der Altstadt oder der Pankratiusvorstadt, dem späteren Martinsviertel. Hier lebte ungefähr ein Drittel der Bevölkerung als Tagelöhner, Feldarbeiter oder Handwerker, denen die Hauptstadt keinen Schutz vor Verarmung bot. Die meisten Handwerksberufe waren in den 1830er- und 1840er-Jahren überbesetzt und boten keine ausreichende Ernährungsgrundlage. Die einsetzende Massenproduktion und die zunehmende Zahl von Händlern, die im Hausierhandel auswärtige Produkte billiger anboten als die Handwerker vor Ort, stellten eine weitere Belastung dar.

Die Stadtverwaltung sah sich Anfang des 19. Jhs. noch nicht in der Verantwortung, sich für das Wohlergehen notleidender Bewohnerinnen und Bewohner einzusetzen. Man bemühte sich zwar um die Versorgung der armen Bevölkerung, z. B. durch Unterstützung aus der Armenkasse und durch die Errichtung eines städtischen Armenhauses in der Grafenstraße (1806), wirksame Maßnahmen gegen die Armut wurden jedoch nicht getroffen. Dies blieb bürgerlicher oder gelegentlich staatlicher Initiative überlassen. 1807, als Darmstadt unter den Nachwirkungen der französischen Besetzung und den dadurch verursachten wirtschaftlichen Belastungen litt, hatte die Staatsregierung ein öffentliches Pfand- und Leihhaus begründet, das es der ärmeren Bevölkerung ermöglichte, Geld gegen Pfandhinterlegung zu sicheren Konditionen aufzunehmen. Damit wollte man den privaten Pfand- und Leihmarkt mit seinen Wucherzinsen austrocknen. Um den andauernden Bargeldbedarf des Pfandhauses zu decken, stellte man ihm 1808 eine Ersparungskasse zur Seite, die heutige Sparkasse Darmstadt. Ihr Zweck war, *dem unvermögenden Theil der hiesigen Einwohner, welche von ihrem geringen Verdienst für die Zeit des größern Bedürfnisses nur wenig zurücklegen können*, eine Gelegenheit zur Geldanlage zu bieten.

Private Stiftungen begünstigten arme Lehrlinge, Wöchnerinnen, Waisen und sonstige Bedürftige. Initiativen aus dem Bürgertum gründeten und finanzierten Suppenküchen, die in Zeiten von Missernten, Teuerungen und strengen Wintern einfache Mahlzeiten an Bedürftige ausgaben. Sie gründeten 1827 und 1828 zwei Arbeitsanstalten für 6–14-jährige Jungen und 9–14-jährige Mädchen, um heranwachsende Kinder nach dem Schulbesuch zu verpflegen, zu betreuen und nach damaligem Maßstab sinnvoll zu beschäftigen und damit der Verwahrlosung der Heranwachsenden entgegenzuwirken. Ohnehin waren v. a. Kinder die Leidtragenden der sozialen Verelendung. Sie besuchten nicht die Stadtschulen, sondern die schulgeldfreien Armen- oder Freischulen mit entsetzlichem Gedränge. Viele Kinder mussten arbeiten oder wurden von ihren berufstätigen Eltern tagsüber allein gelassen. In Verbindung mit unzureichender Ernährung führte dies zu hoher Anfälligkeit für Krankheiten und damit hoher Kindersterblichkeit. In den 1820er- und 1830er-Jahren starben in Darmstadt jährlich zwischen 130 und 260 Kinder, bei einer Gesamtbevölkerung um die 25.000. Ein schreckliches Unglück in der Heinheimer Straße, bei dem drei Kinder zu Tode kamen, führte im Mai 1833 zur Gründung einer Kleinkinderschule in der Mauerstraße – des ersten Kindergartens im Großherzogtum Hessen –, die es berufstätigen Eltern der ärmeren Schichten ermöglichte, ihre noch nicht schulpflichtigen Kinder tagsüber unterzubringen. Auch diese Gründung ging auf private Initiative zurück. Großherzogin Wilhelmine (1788–1836) übernahm das Patronat über die Einrichtung.

Die schwierigen Lebensumstände weiter Teile der Bevölkerung bereiteten den Nährboden für die Aufstandsbewegung des Revolutionsjahres 1830 im Gefolge der Pariser Julirevolution. In Oberhessen und anderswo entstanden Revolten der Landbevölkerung gegen den wirtschaftlichen Druck der Steuern und Abgaben, die zum Teil durch Militär niedergeschlagen wurden. Zugleich setzte mit dem Tod Ludewigs I. unter seinem schwachen Nachfolger Ludwig II. (1830–48) und dessen Staatsminister, Carl Wilhelm du Bos Freiherr du Thil (1777–1859), eine Phase der politischen Restauration ein. Die nach der Julirevolution vom fortschrittlich denkenden Bildungsbürgertum gegen den reaktionären Obrigkeitsstaat durchgesetzten politischen Freiheiten wie Versammlungs- und Pressefreiheit wurden schon 1832 wieder abgeschafft. Im Einverständnis mit dem schwachen Großherzog löste du Thil mehrmals den Hessischen Landtag auf, als ihm dessen Forderungen nach Reformen zu weit gingen. Die politische Agitation verlegte sich aufgrund polizeistaatlicher Maßnahmen in den illegalen Bereich. In vordergründig unpolitisch wirkenden Gesangs- und Turnvereinen, in Lesegesellschaften und Clubs, aber auch in privaten bürgerlichen Zirkeln sprach man über Literatur und Kunst, insgeheim aber über Politik, immer in der Furcht vor Ent-

Grabstätte Weidigs auf dem Alten Friedhof, Zustand nach 1848. – Holzschnitt, um 1875

deckung. Der 1843 gegründete Darmstädter Turnverein, für den der Kupferstecher Heinrich Felsing die Turnfahne mit dem vierfachen »F« in Kreuzform gestaltete – bis heute das Emblem der deutschen Turnbewegung –, löste sich nach politischen Kontroversen selbst auf. Die von Felsing 1846 neu gegründete Turngemeinde Darmstadt wurde bereits 1847 wieder verboten, weil man sich wegen einer Fahrt zum Turnfest nach Bingen politisch verdächtig gemacht hatte. Gesangvereine beteiligten sich häufig an Sängerfesten, wo man mit Gleichgesinnten politische Debatten pflegte.

Eine weitere Oppositionsgruppe bildeten Gießener Studenten, die als Mitglieder verbotener Verbindungen wegen *demagogischer Umtriebe*, d. h. wegen staatsgefährdenden Verhaltens, ins Visier der Universitäts- und Staatsbehörden gerieten. Viele wurden verhaftet und teils zu langjährigen Haftstrafen verurteilt. Bekanntestes Opfer war der Medizinstudent Georg Büchner (1813–37). Dieser gründete 1834 in Darmstadt eine Sektion der revolutionären *Gesellschaft der Menschenrechte* und gab den unter maßgeblicher Mitwirkung des Pfarrers Friedrich Ludwig

Weidig (1791–1837) entstandenen *Hessischen Landboten* heraus, in dem er v. a. auf das starke soziale Gefälle zwischen der Bevölkerung der (angeblich) wohlhabenden Residenz und dem erbärmlichen Leben der Landbevölkerung, etwa im Odenwald, aufmerksam machte und die Bauern zum Aufstand gegen ihre Herren aufforderte. Nach der Aufdeckung seiner Autorschaft entzog sich Büchner der Verfolgung und drohenden Verhaftung im März 1835 durch die Flucht über die berühmte Leiter im Garten des elterlichen Hauses in der Grafenstraße. Damit tat er es vielen Mitgliedern der liberalen Opposition gleich, die ebenfalls ins Ausland flüchteten. Einige von ihnen hatten nicht so viel Glück und erhielten langjährige Haftstrafen. Weidig kam im Darmstädter Gefängnis unter mysteriösen Umständen ums Leben. Seine Grabstätte auf dem Alten Friedhof ist heute ein Ehrengrab.

Die schlechte Lage der hessischen Bevölkerung verbesserte sich auch in den 1840ern nicht. Zwei schlechte Ernten 1845 und 1847 und die grassierende Kartoffelfäule verschlimmerten noch die Versorgungssituation. Wieder versuchten Suppenküchen, finanziert von den Kirchen und sozial eingestellten Bürgern, die schlimmste Not zu lindern. Sie waren für viele Arme die einzige Möglichkeit zu einer halbwegs regelmäßigen Ernährung. Im Winter 1846/47 wurden in der alten Realschule (Pädagogstraße) Wärmeräume eingerichtet, da häufig Brennholz fehlte. Der *Darmstadt-Bessunger Brodverein* verteilte an die Bedürftigen Brot, das sich wegen der enormen Teuerung viele Menschen nicht mehr leisten konnten. Ein Indiz für die hoffnungslose Situation der Bevölkerung sind die stark anwachsenden Auswandererzahlen. Nach einem ersten Schub in den Notjahren 1831–33 waren danach nur wenige Menschen aus Darmstadt emigriert. 1847/48 stiegen die Zahlen erneut stark an. Unter der Leitung des Arztes Ferdinand von Herff (1820–1912) wanderte die große Gruppe der »Vierziger« 1847 aus Darmstadt nach Texas aus, wo ein Teil sich in San Antonio erfolgreich etablierte. Von Herff gilt als Vater des texanischen Krankenhauswesens. Waren bei den »Vierzigern« eher Abenteuerlust oder die politischen Einschränkungen Motive für die Auswanderung, so stand bei vielen anderen die wirtschaftliche

Not im Vordergrund. Im Herbst 1848 verließen gleich 98 Personen Darmstadt Richtung Amerika, finanziell unterstützt von der Stadtverwaltung, war die Finanzierung der Auswanderung doch billiger als die dauernde Armenunterstützung.

Die Meldungen von der Pariser Februarrevolution 1848 ließen unterschwellige Spannungen offen ausbrechen. Wie schon nach 1815 und 1830 überschnitten sich Proteste wegen der Versorgungskrise und politischer Aufruhr. Während in den Landgemeinden Forderungen nach Steuererleichterungen und Verbesserung der Ernährungssituation laut wurden, forderten liberale und demokratische Kreise in Darmstadt politische Verbesserungen. Anfang März kam es zu ersten Unruhen. An die 2.000 Odenwälder Bauern zogen in die Stadt. Im Landtag spielten sich tumultartige Szenen ab. Am 5. März gab Ludwig II. den Forderungen nach, dankte ab, entließ Minister du Thil und ernannte seinen Sohn Ludwig III. (1848–77) zum Regenten. Dieser genehmigte tags darauf die sog. »Märzforderungen«: Presse-, Versammlungs- und Religionsfreiheit, Volksbewaffnung, Vereidigung des Militärs auf die Verfassung, Justizreform – v. a. die Einführung öffentlicher Strafverfahren. Alsbald sorgten in Darmstadt und Bessungen neu formierte Bürgergarden für Ordnung auf den Straßen. Bürgermeister Georg Brust trat wie der gesamte Stadtvorstand zurück, Nachfolger wurde Justus Georg Kahlert. Obwohl sich im Anschluss an die Märzunruhen die ersten politischen Vereine sowie neue Zeitungen gründeten, verlor die Revolution in Hessen-Darmstadt in der Folgezeit an Schwung. Sie fand v. a. bei der staatstreuen Darmstädter Bürgerschaft eher wenig Resonanz, weshalb auswärtige revolutionäre Kräfte die Hauptstadt spöttisch als *Staatsdienerkolonie am Darmbach* titulierten. Das einzige wirklich tumultuöse Ereignis war die sog. *Kranichsteiner Volksversammlung* am 23.7.1848, die in einer riesigen Massenschlägerei zwischen »rechten« Konstitutionellen bzw. Liberalen und »linken« Demokraten endete. Die 1848 eingesetzte Reformregierung wurde 1850 abgelöst, alle politischen Vereine verboten, viele Akteure flohen außer Landes, v. a. nach Amerika. Einige der Reformen wurden wieder abgeschafft, anderes blieb bestehen, z. B. die Öffentlichkeit der Gerichtsverfahren und die

LOUISE BÜCHNER UND DIE DEUTSCHE FRAUENBEWEGUNG

Louise Büchner (1821–1877), jüngere Schwester Georg Büchners, steht wie keine andere Frau in Darmstadt für den Wandel der überkommenen Geschlechterrollen im letzten Drittel des 19. Jhs. Zusammen mit Luise Otto-Peters und Helene Lange zählt sie zu den bedeutendsten Protagonistinnen der deutschen Frauenbewegung. Vom Besuch Höherer Schulen ausgeschlossen, bildete sie sich autodidaktisch in Literatur, Geschichte und Philosophie und schrieb Gedichte, Reisebeschreibungen, Erzählungen und einen Roman. 1855 verfasste sie *Die Frauen und ihr Beruf* und forderte darin eine umfassende Ausbildung für Mädchen, die in Darmstadt bisher nur geringen Stellenwert besaß. Die 1829 eröffnete Höhere Stadtmädchenschule sowie einige private Mädchenschulen standen wegen des hohen Schulgelds nur Töchtern vermögender Eltern offen. Büchner setzte sich für eine gleichwertige Erziehung von Mädchen und Jungen ein und für eine berufliche Ausbildung aller Mädchen, die ihnen ein selbst bestimmtes Leben ermöglichen sollte, soweit dies unter den damaligen gesellschaftlichen Bedingungen möglich war.

Büchner war nicht die erste Frau, die in Darmstadt Verbesserungen für Mädchen und Frauen durchsetzen wollte: Die beiden Frauenärztinnen Regina Josepha von Siebold (1771–1849) und ihre Tochter Charlotte Heidenreich von Siebold (1788–1859) übernahmen im frühen 19. Jh. eine Vorreiterrolle als Ärztinnen für Geburtshilfe. Die Schriftstellerinnen Luise von Plönnies (1803–72), Luise von Gall (1815–55) und Luise Dittmar (1807–84) wirkten über ihren engeren Familien- und Bekanntenkreis hinaus, v. a. Dittmar setzte sich für die Gleichstellung ein und forderte andere Frauen auf, für ihre Rechte zu demonstrieren.

Büchners Bemühungen erzielten eine große Wirkung, weil sie in Erbprinzessin, ab 1877 Großherzogin Alice (1843–78) eine Unterstützerin fand. Mit Förderung durch Alice und weitere Frauen und Männer gründete sie 1867 den *Alice-Verein für Frauenbildung und Erwerb* zur Verbesserung der weiblichen beruflichen Bildung. In der 1872 gegründeten Schule dieses Vereins konnten Mädchen Handarbeiten auf hohem Niveau erlernen und sich seit 1875 zu Handarbeitslehrerinnen ausbilden lassen. Im Alice-Lyzeum organisierte Büchner für Frauen Vorlesungen von Fachgelehrten zu verschiedenen Themen (s. S. 102). Ebenfalls 1867 wurde der *Alice-Frauenverein für Krankenpflege* zur Ausbildung von Krankenpflegerinnen ins Leben gerufen. Durch das Wirken Büchners und ihrer Mitstreiterinnen verbesserte sich der Mädchenunterricht an Höheren Schulen und Berufsschulen grundlegend. Anfang des 20. Jhs. waren Mädchen endlich auch die Ablegung des Abiturs und der Zugang zu den Hochschulen möglich. 1908 wurden Frauen zum Studium zugelassen. Im WS 1908/09 schrieb sich mit Franziska Braun die erste Studentin an der Technischen Hochschule Darmstadt ein.

vollständige Emanzipation der Juden. Die bürgerliche Mehrheit in Darmstadt war anscheinend noch nicht reif für die Demokratie und sehnte sich im Grunde danach, wieder in Ruhe ihren Geschäften nachgehen zu können.

Auf dem Weg zur modernen Stadt: Industrialisierung und Infrastruktur

Die zweite Hälfte des 19. Jhs. stand in Darmstadt im Zeichen einer stürmischen Industrialisierung. Bereits in den 1830er- und 1840er-Jahren gab es erfolgreiche Ansätze für die Einführung der industriellen Produktionsweise in Form von Tapeten-, Hemden-, Zündholz-, Spielkarten- und Maschinenfabriken. Die von dem Apotheker Heinrich Emanuel Merck begründete chemisch-pharmazeutische Fabrik produzierte ab 1842 auf dem Gartengelände am heutigen Mercksplatz. Die Hutfabrik von Heinrich Schuchard war mit modernsten Maschinen amerikanischer Produktion in der Lage, täglich 500 Woll- und bis zu 1500 Filzhüte herzustellen. Auf der Londoner Weltausstellung 1851 waren aus Darmstadt neben Schuchard auch die Spielkartenfabriken Fromann und Reuter vertreten. Diese frühen, sich von der Beschäftigtenzahl deutlich unter 100 bewegenden Firmen waren noch stark handwerklich bestimmt und arbeiteten zum großen Teil für Hof und Beamtenschaft sowie für das Militär. Eine gewisse Ausnahme bildete die Kleng-

> 2046 No. 214
>
> # Fünfter Prospectus 1874/5.
>
> ## Alice-Lyceum für Damen.
>
> Der „Alice-Verein für Frauenbildung und Erwerb" bietet auch in diesem — fünften — Winter den hiesigen Damen **Vorlesungen** von Fachgelehrten im Alice-Lyceum.
>
> Freundlichst haben übernommen:
>
> 1) Herr Prof. **Dr. Roquette** 16—20 Vorlesungen über:
>   **Poetik:** Theorie der Dichtungsarten und Formenlehre (Epos, Lyrik, Drama) mit erklärenden Beispielen und geschichtlichen Uebersichten der Entwicklung der Gattungen und Formen in den Literaturen der alten und neuen Völker;
>   **Freitag 5—6 Uhr,**
>   im Kinder-Gartensaale Grafenstraße 39,
>   — erste Vorlesung Freitag den 13. Nov. 1874. —
>
> 2) Hr. **Dr. Heumann** 16—20 Vorlesungen über:
>   **Chemie** des täglichen Lebens mit Experimenten;
>   **Samstag 5—6 Uhr,**
>   im Kinder-Gartensaale Grafenstraße 39,
>   — erste Vorlesung Samstag den 14. Nov. 1874. —
>
> 3) Hr. Prof. **Dr. Kohlrausch** 4—5 Vorlesungen über:
>   den **electrischen Strom** und dessen Wirkungen mit Experimenten;
>   **Montag 6—7 Uhr,** in seinem Hörsaal im Polytechnikum,
>   — erste Vorlesung Montag den 16. Nov. 1874. —
>
> 4) Hr. Prof. **Dr. Creizenach** aus Frankfurt a. M., 5 Vorlesungen über:
>   **deutsches Alterthum** (Götter- und Helden-Sage, Völkerwanderungszeit).
>   **Mittwoch 4—5 Uhr,** im Kindergartensaale Grafenstraße 39.
>   — erste Vorlesung Mittwoch den 18. Nov. 1874 —
>
> Das Honorar für jeden der 2 ersten Lehrgegenstände beträgt 9 Mark pränumerando. Werden von derselben Damen beide erste Lehrgegenstände gehört, so beträgt das Honorar für beide 13 Mark.
>
> Das Honorar für die 2 letzten Lehrgegenstände beträgt 3 Mark.
>
> Eintrittskarten können gegen Baarzahlung in der Buchhandlung des Herrn A. Klinghöffer, sowie täglich von 2—4 Uhr bei der unterzeichneten Vice-Präsidentin (Hölgesstraße 14) in Empfang genommen werden.
>
> Darmstadt, 30. October 1874.
>
> ### Der Alice-Verein für Frauenbildung und Erwerb.
>
> **Louise Büchner,**   **M. von Hombergk,**
> Vice-Präsidentin.   (9648)   Schriftführerin.

Programm des Alice-Lyzeums, Winter 1874/75; die Vorlesungen fanden im Gartensaal des Wohnhauses der Familie Büchner statt. – Darmstädter Zeitung, 3. 11. 1874

industrie mit den beiden wichtigsten Firmen Conrad Appel und Heinrich Keller, die schon seit Jahrzehnten aus den Zapfen der reichlich vorhandenen Nadelholzwälder Samengut gewannen.

Nach der Jahrhundertmitte schufen weit reichende Maßnahmen zur Modernisierung der Infrastruktur, des Verkehrswesens und der Energieversorgung die Voraussetzung für eine beschleunigte wirtschaftliche Entwicklung. Die bis dahin durch Garnison, Hof, Beamtenschaft und durch einen insgesamt geruhsamen Lebensstil geprägte Residenzstadt wandelte sich in wenigen Jahrzehnten zu einem der industriellen Zentren des Großherzogtums. Seit 1846 war Darmstadt durch die Main-Neckar-Bahn zwischen Frankfurt und Heidelberg in Nord-Süd-Richtung an das Eisenbahnnetz angeschlossen. 1858 folgte mit der von der Hessischen Ludwigsbahn-Gesellschaft errichteten Strecke Mainz–Darmstadt–Aschaffenburg die Ost-West-Verbindung. Die 1871 eröffneten Strecken nach Reinheim und Worms erschlossen ein neues Absatz- und Arbeitskräfte-Reservoir für die Darmstädter Industriebetriebe. Die Stadt entwickelte sich zum Eisenbahn-Knotenpunkt mit rund 500.000 Passagieren und ca. 85.000 Tonnen umgeschlagener Güter im Jahr 1862. Den wachsenden innerstädtischen Verkehrsproblemen und dem gesteigerten Mobilitätsbedürfnis der Bevölkerung wollte man zunächst mit der Errichtung einer Pferdebahn begegnen. Eine englische Firma hatte dies der Stadt 1876 vorgeschlagen und bereits Streckenpläne ausgearbeitet, zur Realisierung ist es jedoch nicht gekommen. Stattdessen beschloss die Stadt 1885 den Bau einer Dampfstraßenbahn. 1886 konnten die beiden Vorortbahnen nach Eberstadt und Griesheim ihren Betrieb aufnehmen, 1890 folgte die Strecke nach Arheilgen. Täglich transportierten sie Scharen von Berufspendlern und Schulkindern nach Darmstadt und zurück.

Ab 1897 wurde das steigende Verkehrsaufkommen in der Innenstadt durch die elektrische Straßenbahn bewältigt, die ihren Strom aus dem 1888 errichteten Elektrizitätswerk in der Schuchardstraße erhielt. Daneben bezogen gut 100 Kunden Strom für ihre elektrischen Glüh- oder Bogenlampen, allen voran das Großherzogliche Hoftheater und das Neue Palais in der Wilhelminenstraße, die Residenz Ludwigs IV. (1877–92). Nicht zuletzt aufgrund des rasant ansteigenden Strombedarfs der Straßenbahn musste das Elektrizitätswerk bis 1906 durch ein neues Kessel- und Maschinenhaus (die heutige Centralstation) erweitert werden. Zugleich ging man an den Bau eines weiteren Elektrizitätswerks, das im Oktober 1909 in Betrieb ging und den künftigen Hauptbahnhof sowie das expandierende Industriegebiet im Nordwesten der Stadt mit Strom versorgte. Der Bau eines neuen Hauptbahnhofs (Eröffnung 1912) etwa 800 m westlich der alten Bahnhöfe hatte eine Neuordnung des städtischen Nahverkehrssystems zur Folge. Diese Aufgabe übernahm die am 1.4.1912 gegründete Hessische Eisenbahn AG (HEAG), die nicht nur die Straßenbahn, sondern auch die städtischen Elektrizitätswerke übernahm und sich zum größten Stromversorger im südlichen Hessen entwickelte.

Die Straßenbeleuchtung blieb die Domäne des Gaswerks, das 1855 auf dem Gelände der heutigen Eleonoren- und der Justus-Liebig-Schule seinen Betrieb aufnahm. Gaslaternen erleuchteten Straßen, viele öffentliche Gebäude, Wohnungen und Werkstätten. Die Straßenbeleuchtung verbesserte schlagartig die Lebenssituation der Darmstädter, die vorher bei Dunkelheit kaum auf die Straße gegangen waren. 1880 übernahm die Stadtverwaltung die zuvor privat betriebene Gasversorgung in eigene Regie und errichtete 1902 ein neues Gaswerk an der Frankfurter Straße. Damals hatte das Darmstädter Gasrohrnetz schon eine Länge von 114 km erreicht und lieferte den Brennstoff für fast 2.000 Gaslaternen und etwa 8.000 Hausanschlüsse. Seit 1911 brannten auch in Arheilgen 122 Straßenlaternen.

Schon seit der Jahrhundertmitte hatte Darmstadt unter einem zunehmenden Wassermangel zu leiden, der zu katastrophalen hygienischen Zuständen führte. Eine 1872 an 61 Grundwasser- und Leitungsbrunnen durchgeführte Untersuchung ergab, dass das Trinkwasser mit erheblichen Mengen von Salpetersäure, Chlor und anderen Chemikalien belastet war. Mit der 1880 erfolgten Einführung der zentralen Wasserversorgung durch Grundwasser aus dem Wasserwerk im Griesheimer Eichwäldchen und der gleichzeitigen Einrichtung einer Schwemmkanalisation entschärfte sich die Situation innerhalb weniger Jahre. Bis 1895 wurden 76.840 m Kanal verlegt und 3.970 Gebäude daran angeschlossen.

Die Aufhebung der Zunftschranken und die Einführung der Gewerbefreiheit 1866 ermöglichten vielen Handwerksbetrieben die Umstellung auf industrielle Produktionsmethoden.

Betriebsgelände der Maschinenfabrik Schenck und der angrenzenden Dampfkesselfabrik von Arthur Rodberg an der Landwehrstraße. – Fotografie um 1900

Begleitet wurde der Prozess von der 1862 gegründeten Handelskammer, in der die aufstrebenden Unternehmen eine potente Fürsprecherin bei Politik und Verwaltung fanden, und vom bereits 1836 gegründeten Gewerbeverein für das Großherzogtum Hessen. Am 1.6.1853 wurde die Bank für Handel und Industrie, die spätere Darmstädter Bank, gegründet, die vornehmlich den Kreditbedarf der Industrie decken sollte und einen großen Teil ihres Kreditvolumens bei Darmstädter Firmen platzierte, was diesen eine Expansion in großem Rahmen erst ermöglichte. Seit Mitte der 1850er nahmen Erweiterung und Neugründung von Industrieunternehmen sprunghaft zu, wie man am rasanten Anstieg der Steinkohlelieferungen und an der Zahl der Dampfmaschinen erkennen kann, die zwischen 1854 und 1860 von 7 auf 30 anstieg. Die Maschinenfabrikation wurde zum bedeutendsten Industriezweig mit bis heute namhaften Firmen wie Göbel und Schenck. Auch die 1866 aus einem Schlossereibetrieb hervorgegangene Herdfabrik Roeder begründete eine 100-jährige Firmentradition. Daneben entwickelte sich die Darmstädter Möbelindustrie zu einer Wachstumsbranche, die bis 1914, unterstützt durch den Hof und durch die Ausstellungen der Künstlerkolonie, ungebrochen florierte. Die großen Möbelfabriken Bechtold, Alter, Trier und Glückert entstanden sämtlich um 1870. Die Darmstädter Verwaltung reagierte durch Differenzierung und Spezialisierung auf die neuen technischen Anforderungen: 1886 wurde das Bauamt in Hochbau- und Tiefbauamt geteilt, im selben Jahr eine Straßenreinigungsanstalt gegründet, 1890 ein eigenes Vermessungsamt. Für Gas- und Elektrizitätswerk sowie für die Straßenbahn wurden jeweils eigene Verwaltungen geschaffen. Auch auf dem Bildungssektor trug man der Entwicklung Rechnung. Aus der bereits 1821 errichteten Real- und Technischen Schule ging 1836 eine Höhere Gewerbeschule hervor, die später zum Polytechnikum und 1877 schließlich zur Technischen Hochschule erhoben wurde. Praxisbezogene Ausbildung und technisch-wissenschaftliche Fortschritte führten zu zunehmender Differenzierung der einzelnen Fächer.

Nach 1890 setzte, verursacht durch einen lang anhaltenden wirtschaftlichen Aufschwung, eine zweite Phase der Industrialisierung ein, die insgesamt bis 1913 andauern sollte. Dies manifestierte sich in Darmstadt nicht nur in Firmen-Neugründungen – die Zahl der Industriebetriebe stieg zwischen 1890 und 1898 von 108 auf 201 –, sondern auch in der Expansion bereits bestehender Betriebe: 1895 arbeiteten hier 145 Kraftmaschinen, davon 70 mit Dampf, 58 mit Gas und 11 mit Strom. Die Zahl der Beschäftigten bei Schenck stieg von etwa 100 bei der Gründung 1881 auf ca. 800 im Jahr 1912, bei Roeder von 80 (1890) auf 600 (1900). Die Beschäftigtenzahl bei Merck stieg von ca. 100 (1870) über 746 (1900) auf ca. 1.500 (1910). Die beiden Hauptwerkstätten der seit 1896 vereinigten Kgl. Preußischen und Großherzoglich Hessischen Eisenbahn beschäftigten rund 1.700 Arbeiter. Eine Neugründung der Zeit war die chemische Fabrik Röhm & Haas (1909).

Stadtausbau und Wohnungsnot

Im Zuge der Industrialisierung und des damit einhergehenden großen Bevölkerungszuwachses – von ca. 30.000 im Jahr 1850 über 72.000 zur Jahrhundertwende auf fast 90.000 vor dem Ersten Weltkrieg – begann sich Darmstadt ab den 1850er-Jahren nach allen Richtungen auszudehnen. Im Winkel zwischen Frankfurter Straße und Promenadenstraße (Bismarckstraße) hatten sich nahe den Bahnhöfen schon vor 1850 die ersten Fabriken und Manufakturen angesiedelt. An der im Ausbau befindlichen Kasinostraße errichtete der Bauverein für Arbeiterwohnungen 1866–69 seine ersten vier Häuser. 1871 begann der Unternehmer Heinrich Blumenthal mit Genehmigung der Stadtverwaltung mit der vollständigen Erschließung dieses Industrie- und Wohnviertels, das später nach der örtlichen Kirche den Namen *Johannesviertel* erhielt. Mit der fortschreitenden Wohnbebauung verwies man die Firmenansiedlungen auf ein Gelände jenseits der Bahnanlagen, in das Gebiet der heutigen Feldberg-, Morneweg- und Rösslerstraße. Hier entstand das wichtigste und ständig nach Norden und Westen erweiterte Industriegebiet Darmstadts. Südlich des Johannesviertels füllte sich die Gegend zwischen Bleich- und Bismarckstraße allmählich mit Wohn- und Geschäftsbauten; einen Großteil der Fläche nahm das ständig expandierende Stadtkrankenhaus an der Grafenstraße ein.

Im Süden der Mollerstadt entstanden mit dem Ausbau der Heidelberger, Heinrich-, Wilhelm-, Anna- und Riedeselstraße weitere elegante Wohnstraßen. Das Zentrum hingegen unterlag einem erheblichen Strukturwandel. Die großzügigen Gartengrundstücke wurden mit Hinter- und Nebengebäuden bebaut, um dort möglichst viele Mieter unterzubringen. Neben Kleinbürgertum und Arbeiterfamilien siedelte sich Gewerbe an, etwa Banken, Hotels, Schreibwaren- und Lebensmittelläden, Bekleidungsgeschäfte, Arztpraxen und Rechtsanwaltsbüros, aber auch Holz- und Kohlenhandlungen, Möbel- und Glasfabriken, Schlosser- und Spenglerwerkstätten. Die wohlhabenden Familien zogen nach Süden Richtung Riedeselberg und v. a. nach Bessungen, wo sie weniger Steuern bezahlen mussten. Der von städtischen Honoratioren 1863 gegründete Verschönerungsverein war bestrebt, dem zunehmend tristen Bild der Mollerstadt entgegenzuwirken. Zwischen 1865 und 1881 wurden in der Rhein-, Neckar, Wilhelminen- und Heidelberger Straße sowie auf dem Luisen- und dem Paradeplatz (Friedensplatz) Bäume gepflanzt. Die Anlagen und Einfriedungen auf dem Mathilden- (1881) und dem Luisenplatz (1882–83) gingen ebenso auf den Verschönerungsverein zurück.

Westlich von Mollerstadt und Eisenbahn erfolgte schrittweise der Ausbau eines Militärquartiers auf freiem Gelände westlich der Heidelberger Straße und südlich des schon seit dem 18. Jh. bestehenden Exerzierplatzes. Den Anfang machte die 1858–60 errichtete Artilleriekaserne an der Heidelberger Straße; nach der Reichsgründung 1871 folgten im Rahmen der unter preußischer Vorherrschaft forcierten Aufrüstung in rascher Folge die Kaserne der reitenden Artillerie an der Heidelberger Straße (1878), zwei Nachschubkasernen an der Eschollbrücker Straße (1885 und 1899–1901), zwei Dragonerkasernen an der Holzhofallee (1891–99) und die Artilleriekaserne an der Bessunger Straße (1899–1901). Damit bestimmte die bis zu 3.500 Soldaten umfassende Garnison in wesentlichen Teilen die Entwicklung und das Erscheinungsbild Darmstadts bis zum Ersten Weltkrieg.

Im Osten überwand die Stadt seit den 1860ern endgültig den mittelalterlichen Mauerring. Woog-, Lindenhof- und Blumenstraße (Landgraf-Georg-Straße) strebten nach Osten und verbanden sich durch Mühl-, Stifts- und Teichhausstraße. Ein Hindernis bildete die kleine Industrieansiedlung am Mühlweg (heute Mercksplatz und Mühlstraße), die sich den vom Großen Woog kommenden Mühlbach für den Wasserbedarf zunutze machte. Hier hatte Heinrich Emanuel Merck seine Chemiefabrik errichtet, benachbart lagen die Bleiweißfabrik von Andreas Linck sowie die Fabrik Wilhelm Büchners, der seinen Betrieb später nach Pfungstadt verlegte. Das kleine Chemiequartier stand einer Stadtausdehnung im Weg, zumal die Emissionen der Schornsteine die Luft verpesteten. Eine geordnete Expansion nach Osten ließ sich erst nach dem Wegzug von Merck an den nördlichen Stadtrand (1904) ins Auge fassen.

Luisenplatz mit den vom Verschönerungsverein gestalteten Anlagen und den neu gepflanzten Bäumen. – Fotografie um 1888

Ebenfalls mit Problemen behaftet war der Ausbau von unterer Soder-, Kapell- und Mühlstraße, weil man beim Hausbau immer wieder auf die Gebeine der Bestatteten des hier überbauten alten Darmstädter Friedhofs stieß, dessen Rest der heutige Kapellplatz bildet. Seit den 1880ern entstand durch den Ausbau von Soder-, Roßdörfer, Kies-, Gervinus- und Wiener Straße das heutige Woogsviertel. Zugleich schritt die Bebauung durch Eröffnung der Hoch- und Hoffmannstraße sowie des Grünen Wegs nach Südosten und Süden voran. Hier erwies sich die Eingemeindung Bessungens als förderlich. Im Laufe des 19. Jhs. waren Darmstadt und sein südlicher Vorort nicht nur baulich zusammengewachsen, zwischen beiden Orten gab es vielfältige gesellschaftliche und kulturelle Gemeinsamkeiten. Als die Dampfstraßenbahn die beiden Ortskerne seit Sommer 1886 noch enger zusammenrücken ließ, hatte man bereits Verhandlungen über einen Zusammenschluss aufgenommen, die am 1.4.1888 zur Eingemeindung führten. Dies eröffnete der Darmstädter Bauverwaltung

Kinder und Bewohnerinnen der Hinkelsgasse vor dem Namen gebenden Hinkelstein. Der Anteil der Kinder an der Zahl der Bewohner war in der Altstadt erheblich höher als in anderen Stadtvierteln, ebenso die Kindersterblichkeit. – Fotografie von 1902

neue Möglichkeiten der Stadtplanung. Kurz nach der Jahrhundertwende begann im Osten Bessungens die Bebauung des Paulusviertels, das nach einem einheitlichen Plan aus der Hand Friedrich Pützers (1871–1922) entstand und eine durchgehende Villenbebauung für die besser verdienenden Familien der Residenzstadt vorsah. Südlich davon schloss sich, ebenfalls als Villenviertel geplant, das seit Mitte der 1930er bebaute Steinbergviertel an. Im Süden des Bessunger Ortskerns dehnte sich die Bebauung schon um 1900 bis zur Landskronstraße aus und schob sich allmählich weiter nach Süden vor.

Die Erschließung des Paulusviertels, der ab 1898 zur Bebauung freigegebenen Mathildenhöhe sowie der ab 1910 bebauten *Gartenvorstadt Hohler Weg*, des heutigen Komponistenviertels, mit überwiegend villenartiger Bebauung auf großzügigen Grundstücken ist Ausdruck der gewandelten sozialen Struktur, die mit der Industrialisierung einherging. Zwar bildeten auch in dieser Zeit Hof, Beamtenschaft und Militär noch eine bedeutende Bevölkerungsgruppe, zu der man die wachsende Zahl der Pensionäre hinzuzählen kann, die die Stadt seit dem späten 19. Jh. als steuerkräftige Bewohner gezielt und erfolgreich anlockte. Nicht von ungefähr nannte der Schriftsteller Alexander Büchner (1827–1904) seine Heimatstadt im Jahr 1900 despektierlich *Pensionopolis*. Daneben nahm die Zahl der Firmenlenker, Geschäftsführer, Kaufleute, Bankiers und leitenden Angestellten zu. Der technische Fortschritt brachte zudem eine neue Berufsgruppe hervor, die besondere Bedeutung erlangte: die Techniker und Ingenieure. Sie arbeiteten bei den größeren Darmstädter Firmen, aber auch in den Gas- und Elektrizitätswerken, in den großen Werkstätten der Bahnbetriebe und bei der Straßenbahn. Hierzu zählten auch die Professoren der Technischen Hochschule. Den größten Bevölkerungszuwachs verzeichnete jedoch die Gruppe der Arbeiter, die in den aufstrebenden Betrieben und Werkstätten tätig waren. Mit der Inbetriebnahme der Odenwald- und der Dampfstraßenbahn nahm auch die Zahl der Pendler zu, die aus den Vororten nach Darmstadt zur Arbeit fuhren. Deshalb stieg auch die Einwohnerzahl der Landgemeinden rasch an. Bessungen verachtfachte seine Einwohnerzahl zwischen 1800 und der Eingemeindung 1888 auf rund 8.000. Die Bevölkerung Arheilgens stieg zwischen 1854 und 1910 von 2.100 auf 6.300 Personen, Eberstadt wuchs von 2.400 auf 7.400. Überall fehlte bezahlbarer Wohnraum. Viele Mietwohnungen entstanden seit den 1850ern in der Mollerstadt und ab 1871 im Johannesviertel. Der Großteil der Arbeiterfamilien siedelte sich jedoch im Martinsviertel und in der Altstadt an.

Das Martinsviertel hatte sich bis 1850 zu einer geschlossenen, aber wenig verdichteten Siedlung entwickelt. Der enorme Zustrom von Arbeiterfamilien änderte dies nachhaltig. Die städtischen Planer ergänzten die gewachsenen Straßenzüge des Viertels ab etwa 1870 mit einem regelmäßig angelegten Straßenraster, das bis zum Damm der Odenwaldbahn reichte, der seit 1871 das Viertel im Bogen abschloss (heute Rhön- und Spessartring). Bis etwa 1890 schritt die Bebauung entlang der Hauptstraßenzüge meist mit zwei- bis dreigeschossigen Wohnhäusern voran. Der erneute Zuwandererboom der 1890er beschleunigte den Ausbau und führte zu einer verdichteten Bebauung mit meist viergeschossigen gründerzeitlichen Miethäusern auf kleinen Grundstücken.

Die schlimmsten Wohnbedingungen herrschten jedoch in den heruntergekommenen Häusern der Altstadt, die sich durch ihre verdichtete und verwinkelte Bebauung jeglicher Planung entzog und sich in der zweiten Hälfte des 19. Jhs. zum sozialen Ghetto entwickelte. Hier lebten viele Familien auf engstem Raum in menschenunwürdigen Verhältnissen. Eine 1901 durchgeführte Erhebung über die Wohnverhältnisse der Arbeiter ergab für die Altstadt, dass viele Wohnungen ungesund, unzureichend und überfüllt waren. 77 Wohnungen wurden als *geradezu abscheulich* bezeichnet. In den engen Altstadtgassen herrschten drangvolle Enge und bedenkliche hygienische Verhältnisse. Gegen Ende des 19. Jhs. beurteilte die Stadtverwaltung die Altstadt zunehmend als soziales, gesundheitliches und verkehrstechnisches Problemgebiet. Mit Hausabrissen und Straßendurchbrüchen versuchte man, wie es hieß, *der Altstadt Luft zu verschaffen*. So entstand 1885 durch den Abbruch von sechs Häusern die »Insel« (etwa der heutige Ludwig-Metzger-Platz), 1902 an Stelle von acht niedergelegten Häusern der Schillerplatz. 1905/06 wurde die neue Landgraf-Georg-Straße durch die historische Bebauung gebrochen. All diese Maßnahmen änderten nichts daran, dass die Altstadt das vom Bürgertum gemiedene Problemviertel blieb.

Kunst und Kultur im 19. Jahrhundert

Die beginnende Blütezeit der Darmstädter Kunst- und Kulturpflege im 19. Jh. war eng mit der Person des ersten Großherzogs verbunden. Die Musikausübung verlagerte sich aus der Sphäre der höfischen Feste ins städtische Opern- und Konzertleben. Theater- und Konzertveranstaltungen wurden neu belebt und Kontakte zu bedeutenden Musikern gepflegt, um sie nach Darmstadt zu holen. Mit Georg Joseph Vogler (1749–1814) zog Ludewig I. 1807 eine ebenso geniale wie schillernde Persönlichkeit an seinen Hof. Als Voglers Schüler verbrachten Giacomo Meyerbeer (1791–1864) und Carl Maria von Weber (1786–1826) längere Zeit in Darmstadt. Ebenfalls eine ausgedehnte Lehrtätigkeit entfaltete Christian Heinrich Rinck (1770–1846), der als Stadtorganist und Pädagoglehrer nach Darmstadt gekommen war, wo er 1813 zum Hoforganisten an der Schlosskirche ernannt wurde. Durch ihn entwickelte sich die Stadt zu einem Zentrum der Orgelkunst.

Die Laienmusik nahm einen bedeutenden Aufschwung und hatte einen großen Einfluss auf die musikalische Entwicklung. Bis 1889 gründeten sich 16 Gesang- und Musikvereine. Bei vielen Familien bildeten sich private Kammermusik- und Singkreise. Ein bemerkenswertes Kennzeichen der frühen Musikvereine und der Hausmusikkreise ist das Zusammenspielen von Berufsmusikern und Laien, den *Dilettanten*. Selbst in der Hofkapelle spielten Musiker ohne professionelle Ausbildung mit. Der Förderung des musikalischen Nachwuchses dienten die privaten Musikschulen und Konservatorien von Philipp Schmitt, Wilhelm Süß und Martin Vogel, die für einen kontinuierlichen Zuwachs musikalisch gebildeter und technisch versierter Laienmusiker und -musikerinnen sorgten. Die Musikvereine gehörten mit Konzerten, Bällen und Abendunterhaltungen zu den Säulen des bürgerlich-geselligen Lebens. Zu den Höhepunkten zählten die Mittelrheinischen Musikfeste, deren erstes 1856 in Darmstadt stattfand. Die Militärmusik, die mit bis zu vier Kapellen vertreten war, trug mit Platzkonzerten und als Begleitorchester bei Tanzveranstaltungen ebenfalls zum Musikleben der Residenz bei.

Der 1833 gegründete Kunstverein führte, v. a. durch seine Ausstellungstätigkeit, breitere Schichten der Bevölkerung an die bildende Kunst heran, deren Förderung früher überwiegend beim Hof und der Hofgesellschaft lag. Der Verein förderte das private Kunstsammeln seiner Mitglieder und wollte damit Künstler unabhängiger von Aufträgen des Hofes machen. Mitglieder waren neben ausübenden Künstlern u. a. Großherzog

Ludwig II. und weitere Angehörige des Fürstenhauses, hohe Beamte wie Staatsminister du Thil und Oberbaudirektor Moller, aber auch Kaufleute und Handwerker. Ähnlich »staatstragend« war der 1833 gegründete Historische Verein, dem seitens der Regierung die Aufgabe übertragen war, in dem aus Gebietsteilen ganz unterschiedlicher gesellschaftlicher und kultureller Prägung entstandenen Großherzogtum Hessen mit Hilfe historischer Forschung und Publikationstätigkeit das Entstehen einer gemeinsamen staatlichen Identität zu fördern.

Zu den bedeutendsten kulturellen Institutionen gehörte zweifellos das Hoftheater, das einen weit über die Grenzen Darmstadts hinausgehenden Ruf genoss. Besonders die Opernaufführungen boten größte Bühnenspektakel und zogen Publikum aus Mainz, Frankfurt, Heidelberg und Mannheim an. Die Vorliebe des ersten Großherzogs galt ausschließlich der Oper, aber auch das weniger geförderte Schauspiel konnte dem Vergleich mit anderen Bühnen standhalten. Ludwig II. teilte die Theaterleidenschaft seines Vaters nicht und verfügte aus finanziellen Gründen die Schließung des Hoftheaters zum 30.6.1831. Deutliche Missfallensbekundungen von Seiten des Publikums und eine offizielle Eingabe der Stadt, in der Bürgermeister Johann Michael Hofmann sich *mit dringendsten Bitten für die Erhaltung der Anstalt* verwendete, konnten den Großherzog nicht umstimmen. Zwischenzeitlich konnten sich die Darmstädter an den Aufführungen von Liebhaberensembles oder Wanderbühnen erfreuen. Eines dieser Ensembles führte 1837 *Des Burschen Heimkehr oder der Tolle Hund* auf und verhalf damit dem Lehramtskandidaten Ernst Elias Niebergall (1815–43) zum ersten Erfolg. Mit seinem 1841 veröffentlichten zweiten Theaterstück, dem *Datterich*, sicherte er sich unsterblichen Ruhm in Darmstadt und darüber hinaus. Allerdings erlebte das Stück erst 1862 seine Uraufführung, wieder durch eine Wanderbühne in Szene gesetzt. Die weitere Pflege der beiden Werke, vom Hoftheater bis zum Ersten Weltkrieg gemieden, übernahm der 1844 gegründete Gesangsverein der *Melomanen* mit vielen Aufführungen, meist im städtischen Saalbau oder in der Turnhalle am Woogsplatz. Seit 1925 nahm sich die Hessische Spielgemeinschaft Niebergalls Vermächtnisses an.

1838 wurde ein geordneter Spielbetrieb im Hoftheater wieder aufgenommen. Ludwig III. (1848–77), ein Freund des Balletts, beschäftigte eine Tanzgruppe mit zeitweise 66 Mitgliedern. Attraktionen waren Opernaufführungen mit ausufernden Balletteinlagen. Einen dramatischen Einschnitt brachte das Jahr 1871, als das Theatergebäude ausbrannte. Erst im Oktober 1879 konnte es wieder eröffnet werden. Theaterdirektor Theodor Wünzer verhalf dem Schauspiel zu neuer Blüte. In der Oper machte man die Musikdramen Richard Wagners auf der Darmstädter Bühne heimisch. Großherzog Ernst Ludwig (1892–1918) änderte Theaterbau und Spielplan grundlegend und ließ das Theatergebäude 1904/05 erneut umgestalten. Regie und Bühnenausstattung wurden modernisiert. Überbordende Dekorationen gehörten der Vergangenheit an, Requisiten setzte man nur noch sparsam ein. Ernst Ludwig nahm selbst Anteil am Theaterbetrieb. Zu den Opern »Aida« und »Parsifal« schuf er Dekorationsentwürfe. 1913 und 1914 fanden »Frühlingsfestspiele« statt, vorwiegend im Zeichen Wagners, die überregional großes Aufsehen erregten. Generalmusikdirektor war 1914 bis 1918 der international hoch angesehene Felix Weingartner, ihm zur Seite der junge Erich Kleiber als Kapellmeister.

Ernst Ludwig war ebenso wie sein Vorfahre Ludewig I. durch Neigung und Begabung mit den Künsten verbunden. Wie dieser beteiligte er sich persönlich am Theaterbetrieb, er malte, komponierte und schrieb Gedichte. Ganz am Anfang seiner Regierung strich er die bereits fertigen Pläne für einen Museumsneubau im Gründerzeitstil und entwarf mit dem jungen Architekten Alfred Messel (1853–1909) den heutigen Bau des Hessischen Landesmuseums. Er förderte Wissenschaft und technischen Fortschritt, etwa die Firma von Adam Opel mit ihren neuen Automobilen und den Flugpionier August Euler, der 1909 auf dem Griesheimer Sand vor den Toren Darmstadts mit seinen Flugversuchen begann. In die ersten Jahre seiner Regierung fiel der repräsentative Neubau der Technischen Hochschule am Herrngarten, der er 1899 das Promotionsrecht verlieh.

Das aus heutiger Sicht bedeutendste Vermächtnis Ernst Ludwigs stellt die 1899 erfolgte Berufung von sieben Künst-

Das Atelierhaus auf der Mathildenhöhe mit den beiden Monumentalfiguren von Ludwig Habich.

lern, darunter der Wiener Architekt Joseph Maria Olbrich (1867–1908), nach Darmstadt und die Gründung einer Künstlerkolonie auf der Mathildenhöhe dar. Es war der Versuch, durch Übernahme und bewusste Weiterentwicklung kunsthandwerklicher Reformbestrebungen Kunst und Gewerbe, Künstler und Handwerker enger zusammenzuführen. Die Kunst sollte ihren Platz im Alltag der Menschen finden. Die neue Richtung fand ihren öffentlichen Ausdruck zuerst in der 1901 eröffneten Ausstellung *Ein Dokument deutscher Kunst*. In dieser und in drei weiteren Ausstellungen 1904, 1908 und 1914 präsentierten die wechselnden Mitglieder der Künstlerkolonie Architektur und Kunsthandwerk bewusst für alle Bevölkerungsschichten. Die erhoffte Breitenwirkung blieb jedoch aus. Kritik wurde an den hohen Zuschüssen von Land und Stadt geübt, der Nutzen für das Kunstgewerbe bezweifelt.

Mehr Erfolg für die »Angewandte Kunst« dürfte wohl die 1905 ebenfalls von Olbrich gestaltete Gartenbauausstellung in der Orangerie gebracht haben. Eingang fanden die Entwürfe der Mathildenhöhkünstler hingegen in die Produktion der Darmstädter Möbelindustrie. Die Firma von Julius Glückert finanzierte gleich zwei der von Olbrich auf der Mathildenhöhe entworfenen Häuser. Möbelfirmen wie Glückert, Trier und Alter wurden durch die Ausstellungen der Mathildenhöhe überregional bekannt. Daneben beeinflusste die Formensprache des Jugendstils auch die Darmstädter Baumeister und Architekten der Zeit vor dem Ersten Weltkrieg. Ihre Bauten, die noch heute Akzente im Stadtbild setzen, weisen häufig Jugendstilelemente auf: die Maschinenhalle der Technischen Hochschule von Georg Wickop (1908), die Pauluskirche (1907) und der Hauptbahnhof (1912) von Friedrich Pützer sowie das Hallenbad (heute Jugendstilbad) von August Buxbaum (1909).

Vom Ersten zum Zweiten Weltkrieg – Weimarer Republik und Nationalsozialismus

Das Ende der Residenz – Darmstadt im Ersten Weltkrieg

Darmstadt war 1914 im Aufbruch. Industrialisierung, Stadtausbau und die Hochkonjunktur hatten dem Großherzogtum Hessen und seiner Hauptstadt steigenden Wohlstand gebracht. Niemand zweifelte daran, dass diese Entwicklung weiter voranschreiten würde. Vor den Toren der Stadt ging nach rund drei Jahren Bauzeit der neue Hauptfriedhof seiner Fertigstellung entgegen. Ein gut erschlossenes Industriegebiet bot günstige Gelegenheiten zur Ansiedlung größerer und kleiner Betriebe. Am 15.5.1914 begann auf dem Griesheimer Flugplatz vor den Toren der Stadt der »Prinz-Heinrich-Flug«, die bis dahin größte deutsche Vielseitigkeits-Flugprüfung. Hauptereignis 1914 war jedoch das von Stadt und Großherzog gemeinsam getragene »Darmstädter Kunstjahr«: Auf der Mathildenhöhe wurde am 16. Mai die Ausstellung der Darmstädter Künstlerkolonie eröffnet, die deren Mitglieder letztmals auf der Höhe ihres Schaffens zeigte. Die getragene Heiterkeit, die Eröffnungsveranstaltung und Ausstellungsarchitektur ausstrahlten, wirkt aus heutiger Sicht wie eine bewusste Abkehr von der politischen Realität. Am 19. Mai folgte im Schloss die Eröffnung der »Jahrhundertausstellung deutscher Kunst 1650–1800«, die die besten Werke der Malerei dieser Epoche vereinigte. Noch im Juli 1914 entwarf Oberbürgermeister Wilhelm Glässing (1865–1929) ein von fast euphorischer Hoffnung getragenes Bild der wirtschaftlichen Zukunft und hob die Leistungen von Industrie, Handel und Gewerbe hervor: *Deshalb wird die Kommunalverwaltung bei ihren Maßnahmen zur Förderung des industriellen und gewerblichen Lebens auch jetzt geleitet sein von dem sicheren Glauben an die Zukunft unserer Stadt.*

Kaum vier Wochen später machte der Ausbruch des Ersten Weltkriegs, an dessen Ende Darmstadt genau 2.121 Gefallene

Verabschiedung Darmstädter Regimenter am Hauptbahnhof im August 1914; im Hintergrund die Brücke über die Rheinstraße.

und eine nicht bekannte Zahl Verwundeter sowie an Hunger und Krankheiten Verstorbener zu beklagen hatte, alle Zukunftshoffnungen zur Illusion. Am 3.8.1914 verließen die ersten Regimenter die Stadt. Die Kasernen füllten sich mit Rekruten und Freiwilligen, die auf dem Exerzierplatz im Westen der Stadt und auf dem Truppenübungsplatz am Griesheimer Sand exerzierten. Die Realität des Krieges holte die Menschen in der Heimat bald ein. Gefallenenmeldungen und Todesanzeigen in den Zeitungen häuften sich. Die Feldpostbriefe ließen für die Angehörigen die brutale Kriegsrealität deutlich werden. Schon im August 1914 trafen die ersten Transporte von Verwundeten ein, die in Lazaretten u. a. im Stadtkrankenhaus, im Saalbau, in der Technischen Hochschule, in der Orangerie und im Jagdschloss Kranichstein versorgt wurden. Ebenfalls seit August 1914 trafen französische Kriegsgefangene am Darmstädter Bahnhof ein, seit 1915 auch Engländer, Belgier, Russen, Serben, Italiener und im letzten Kriegsjahr Amerikaner. Sie waren im Westen vor der Stadt in einem Barackenlager interniert.

Die sofort nach Kriegsbeginn einsetzende Propaganda und Zensurmaßnahmen zielten darauf ab, die Bevölkerung über die wahren Verhältnisse im Unklaren zu lassen. Darmstädter Zeitungen durften nur von der Zensur freigegebene Artikel drucken. Die Aufstellung erbeuteter Geschütze auf dem Luisenplatz sollte die Überlegenheit der deutschen Waffen dokumentieren, ebenso die 1915 in der Nähe des Hauptbahnhofs und auf dem Exerzierplatz ausgehobenen Schauschützengräben. Den Eindruck relativer Sicherheit sollte auch die öffentlichkeitswirksame Berichterstattung über Frontbesuche von Großherzog Ernst Ludwig vermitteln, der sich im Range eines Generals beim Generalstab des 18. Armeekorps in Belgien und Nordfrankreich häufig im Kriegsgebiet aufhielt. Die Dauer des Krieges, die schlechte Versorgungslage und die hohen Opferzahlen hatten die Bevölkerung jedoch bereits desillusioniert. Seit 1915 waren die meisten Lebensmittel zwangsbewirtschaftet. Zunehmend kamen Ersatzstoffe zur Anwendung: Steckrüben statt Kartoffeln, Butterersatz aus Quark, Marmelade aus Gelatine und gefärbtem Wasser. Bau- und Gartengrundstücke wurden in Ackerland umgewandelt, in öffentlichen Anlagen und Parks legte man Gemüsepflanzungen an. Die Schuljugend ging seit Herbst 1916 regelmäßig in den Wald, um Bucheckern, Kastanien, Kirsch- und Pflaumenkerne, Eicheln und Disteln zur Ölgewinnung zu sammeln. Für bis zu 1.100 unversorgte oder unterernährte Kinder führten Stadt und Frauenhilfe Kinderspeisungen durch. Im Sommer 1916 nutzten täglich auch 3.000 Erwachsene die Massenspeisung in etwa 30 sog. Kriegsküchen.

Die Erträge von Spenden- und Sammelaktionen kamen Kriegshinterbliebenen, Invaliden und durch den Krieg in Not geratenen Menschen zugute. Schlechte Ernährung, Kälte und ungesunde Arbeitsbedingungen in den Darmstädter Betrieben führten mit zunehmender Kriegsdauer zu einem Anstieg von typischen Mangelerkrankungen und zu erhöhter Sterblichkeit. Die medizinische Versorgung der Bevölkerung litt unter der Einberufung vieler Ärzte zum Militär. Die Zahl der Bestattungen auf dem Darmstädter Waldfriedhof stieg von etwa 770 im Jahr 1915 auf knapp 1.600 im Jahr 1918.

Die Umstellung auf die Kriegswirtschaft und der Einzug vieler Arbeitskräfte zum Militär führten zu einem deutlichen Rückgang der Industrieproduktion. Manche Unternehmen konnten hingegen ihre bisherige Produktion weiterführen. Die Firma Merck bestückte Sanitätswagen für das Heer mit Feldapotheken, lieferte Veterinärarzneimittel zur Behandlung der Armeepferde sowie Fotochemikalien für die Fotografier-Abteilungen des Heeres und der Luftwaffe. Das Hauptprodukt von Röhm & Haas, die Lederbeize »Oropon«, wurde ebenfalls für das Militär benötigt. Die Firma Schenck baute erbeutete Munitionswagen für den Transport deutscher Munition um und stellte seit 1915 Granatenhülsen her. Die Herdfabrik Roeder versorgte das Heer im Ersten Weltkrieg mit Feld- und Lazarettküchen und mit Schützengrabenöfen. Die Möbelfabrik Alter baute für das Rote Kreuz Einrichtungen für Lazarettzüge, fertigte Munitionskästen für das Heer und ab 1916 auch Flugzeuge. Die Motoren lieferte die Maschinenfabrik Goebel. Der Mangel an kriegswichtigen Rohstoffen, insbesondere Erzen und Metallen aller Art, führte zu vermehrten Sammelaktionen. Zur Gewinnung von kriegswichtigem Kupfer wurden bereits 1915 die Kupferdächer des Landesmuseums und einiger Darmstädter Kirchen abgedeckt. Die HEAG musste in ihrem Stromnetz viele Kilometer Kupferleitungen ausbauen und durch Eisenleitungen ersetzen. Auch die Oberleitungen der Straßenbahn wurden teilweise demontiert. 1917 begann man, Bronzeglocken aus Kirchtürmen auszubauen. In Darmstadt verloren die Martinskirche und die Eberstädter Dreifaltigkeitskirche jeweils zwei ihrer Glocken.

Kriegsende und Novemberrevolution

Gegen Ende des Krieges kam es zu Erscheinungen der massenhaften Verarmung und Verelendung v. a. der kleinbürgerlichen und der Arbeiterschicht. Im Sommer 1918 hatte die Stadtverwaltung auf dem Stadtgut Pallaswiese im Nordwesten einen Hof mit Scheunen und Ställen errichtet, um dort Gemüse, Milch und Fleisch zu erzeugen. Auch eine Schafherde wurde angeschafft. Dies verbesserte die Nahrungssituation jedoch nicht wesentlich. Im Herbst 1918 erreichte zudem die weltweite Grippeepidemie Darmstadt, der v. a. Kinder und junge Erwachsene zum Opfer fielen. Zu allem Überfluss wurde Darmstadt auch noch das Ziel feindlicher Luftangriffe. Am 16.8.1918 beschädigten englische Flieger mehrere Häuser in der Nähe des Woogs sowie den Woogsdamm. Vier Tote waren zu beklagen. Die sich abzeichnende Niederlage der deutschen Armeen brachte die Menschen zu der Erkenntnis, dass ihre verzweifelten Sparbemühungen, die Strapazen, die sie auf sich genommen hatten, umsonst gewesen waren. Streiks und Demonstrationen nahmen zu und bereiteten der revolutionären Stimmung auch im recht ruhigen Darmstadt den Boden. Großherzog und Regierung waren sich im Herbst 1918 der Gefahr eines Umsturzes durchaus bewusst und versuchten, diesen durch politische Zugeständnisse zu verhindern. Verfassungsreformen sollten zu einer Demokratisierung des politischen Systems führen und dem Großherzog seinen Thron erhalten. Im Darmstädter Landtag gab es Anträge auf Einführung eines allgemeinen und gleichen Wahlrechts für Männer und Frauen, auf Umgestaltung des Parlaments, auf Abschaffung aller Geburts- und Besitzstandsrechte und auf Verfassungsänderung und Einführung einer parlamentarischen Monarchie.

Die Ereignisse des 9. November überrollten allerdings alle Initiativen in kürzester Zeit und beseitigten die Monarchie gleich vollständig. Am Tag zuvor hatte sich auf dem Truppenübungsplatz in Griesheim ein Soldatenrat gebildet. Viele Soldaten zogen abends nach Darmstadt, besetzten Bahnhof und Post, befreiten die Gefangenen im Militärarresthaus in der Riedeselstraße und vereinigten sich mit den Soldaten der Darmstädter Garnison. Kurz vor Mitternacht versammelte sich eine große Menschenmenge vor dem Neuen Palais am Wilhelminenplatz, dem Wohnsitz der Großherzoglichen Familie. Der Gewerkschafter und SPD-Stadtverordnete Heinrich Delp hielt die Soldaten davon ab, das Palais zu stürmen und den Großherzog festzusetzen. Der aus Soldaten zusammen mit der SPD und den Gewerkschaften neu gebildete Arbeiter- und Soldatenrat verfügte am nächsten Tag die Absetzung Ernst Ludwigs und rief nachmittags auf dem Marienplatz die »Freie sozialistische Republik Hessen« aus. Zwei Tage später beauftragte er den Vorsitzenden der SPD-Landtagsfraktion Carl Ulrich mit der Bildung einer neuen Regierung. Ab dem 27. November sorgte eine Bürgerwehr für Ordnung.

Am 19.1.1919 fand die Wahl zur verfassunggebenden Nationalversammlung statt. Eine Woche später wurde erneut gewählt, diesmal die verfassunggebende hessische Volkskammer, in der die SPD mit gut 44 % stärkste Partei wurde. Die Volkskammer verabschiedete am 12.12.1919 eine Verfassung für den nunmehrigen Volksstaat Hessen. Am 15.6.1919 erfolgte in Darmstadt als dritter Urnengang die Neuwahl des Stadtparlaments. Alle drei Wahlen fanden nach dem neuen Wahlrecht statt, das die Verhältniswahl einführte und das aktive und passive Wahlrecht für Frauen und Männer über 20 Jahre festschrieb. Im Hessischen Landtag saßen ab Februar 1919 fünf Frauen, darunter aus Darmstadt Karoline Balser für die Demokratische Partei und Anna Bierau für die DVP. In die Stadtverordnetenversammlung zogen ebenfalls fünf Frauen ein.

Weder Kriegsende noch politische Neuordnung konnten die existentiellen Probleme der Bevölkerung beseitigen. Mangelernährung und Versorgungsnöte, eine fortschreitende Inflation, hohe Arbeitslosigkeit und eine nie da gewesene Wohnungsnot ließen die Menschen in Darmstadt in eine perspektivlose Zukunft blicken. Große Teile des Bürgertums, die als Geldanlage das Sparguthaben und festverzinsliche Wertpapiere bevorzugten, verloren in der Inflation ihr Vermögen. Die scheinbar fest gefügte alte Werte- und Gesellschaftsordnung war gescheitert, die Residenzstadt hatte mit dem Großherzoglichen Hof und der Garnison vermeintlich unverrückbare Bezugspunkte verloren. In kürzester Zeit war das monarchische System, Generationen von Darmstädtern von Geburt an vertraut, nicht mehr existent. Die gewaltigen Probleme, die der Erste Weltkrieg hinterlassen hatte, konnten aufgrund der wirtschaftlichen und sozialen Rahmenbedingungen der Weimarer Republik nicht gelöst werden und führten zu politischen Konflikten von gewaltiger Sprengkraft.

Bei der Einweihung des Dragonerdenkmals in der Landgraf-Philipps-Anlage 1927 spricht der ehemalige Großherzog Ernst Ludwig in Generalsuniform; neben ihm seine Söhne Georg Donatus und Ludwig.

Nationalistische Gruppierungen verweigerten sich der neuen demokratisch bestimmten Gesellschaftsordnung. Sie erhielten Zulauf von zurückkehrenden Soldaten, von Arbeitslosen und Opfern der Wohnungsnot, aber auch von den Eliten der alten Ordnung, von Mitgliedern der bürgerlichen Ober- und Mittelschicht, von Beamten und von den Professoren und Studenten der Technischen Hochschule Darmstadt, die in der Weimarer Zeit zu einem Hort der Republikfeindlichkeit wurde. Besonders die Feiern zur Einweihung von Kriegerdenkmälern gerieten mit ihrem militaristischen Gehabe zu politischen Demonstrationen gegen das politische System von Weimar. Aus Veteranenverbänden und Kriegervereinen speisten sich die nationalistischen und auch antisemitischen Gruppierungen, die letztlich zum Sturz der Weimarer Republik führen sollten.

Hauptstadt des Volksstaates Hessen

In einer Rede vor den Stadtverordneten zeichnete Oberbürgermeister Wilhelm Glässing am 29.7.1919 ein trostloses Bild der Situation Darmstadts: *In weiten Kreisen der Bevölkerung wächst die Einsicht, dass die gegenwärtigen Verhältnisse nicht fortdauern können, ohne dass wir zugrunde gehen.*

Mit dem Beginn des Ersten Weltkriegs war die zivile Bautätigkeit rasch zum Erliegen gekommen. Dies führte nach Kriegsende zu einer Wohnungsnot ungeahnten Ausmaßes, zumal der Mangel an Baustoffen und Kapital der Wiederaufnahme einer Neubautätigkeit im Wege stand. Mit Hilfe des 1917 eingerichteten Wohnungsamtes wurden in Kasernen, Lazarettbaracken und sogar im Schloss 1919/20 Notwohnungen eingerichtet. Die städtische Bauverwaltung begann mit dem Bau von Wohnblocks auf der Trasse der ehemaligen Odenwaldbahn am heutigen Rhön- und Spessartring. Wohnhäuser entstanden auch entlang der Bahnstrecke am Haardtring und in Bessungen. An der Windmühle (Ecke Pallaswiesen-/Gräfenhäuser Straße) und im Tiefen See baute man Schlichtwohnungen. Außerdem bot die Stadt Anreize für private Bauherren durch die Vergabe von Erbbaugrundstücken. Nichts tat man allerdings gegen die katastrophalen Wohnverhältnisse in der Altstadt, die vermutlich schon damals zum Abriss vorgesehen war. Die Gemeinnützige Heimstätten-Baugesellschaft und die Eisenbahner-Baugenossenschaft Darmstadt begannen nach städtischer Planungsvorgabe 1920 mit dem Bau von Siedlungshäusern am Dornheimer Weg, die unter tätiger Mithilfe der künftigen Bewohner besonders preiswert errichtet wurden. Über 2.000 Menschen fanden bis 1929 in der Waldkolonie eine Wohnung. Im Paulusviertel, wo die Bebauung 1914 zum Stillstand gekommen war, entstanden ab 1922 statt der geplanten Villen Mietwohnungsbauten. Im Straßen- und Wohnungsbau setzte die Stadtverwaltung hauptsächlich arbeitslose Notstandsarbeiter ein, die besonders unter der schwierigen Versorgungslage litten. Fast ein Drittel der rund 21.000 Darmstädter Haushalte musste 1923 vom städtischen Wohlfahrtsamt unterstützt werden. Obwohl bis Ende 1925 insgesamt 2.235 Wohnungen neu erbaut worden waren, blieb die Not mit etwa 4.000 Obdachlosen allgegenwärtig. Um den Neubau von Mietshäusern weiter voranzutreiben, übernahm die Stadt 1929 die Mehrheit der Anteile am Bauverein für Arbeiterwohnungen, der seitdem die Funktion einer städtischen Baugesellschaft erfüllt.

Die Versorgung heimkehrender Kriegsgefangener und Soldaten sowie Ausgewiesener aus den französisch besetzten Gebieten verschärfte auch die Probleme der Lebensmittelversorgung. Die Stadtverwaltung erwarb größere Mengen Lebensmittel auf Vorrat, um sie verhältnismäßig preiswert an die Bevölkerung abzugeben. Auf den Stadtgütern Pallaswiese und Gehaborner Hof baute man Nahrungsmittel an. Erschwert wurden die Bemühungen durch die Besetzung des linken Rheinufers. Im Dezember 1918 waren französische Truppen in Teile Südhessens eingerückt und hatten den Brückenkopf Mainz gebildet, der das Vorfeld der nunmehr französischen Rheingrenze sichern sollte. Seine Grenze verlief südlich des Mains über Langen, Wixhausen, quer durch Arheilgen und zwischen Darmstadt und Griesheim hindurch zum Rhein. Dem Brückenkopf war eine 10 km tiefe militärfreie Zone vorgelagert, zu der auch Darmstadt gehörte. Am 6.4.1920 rückten dennoch französische Soldaten in Darmstadt ein. Die Strafaktion wurde begründet mit der Verletzung von Vorschriften durch die Reichswehr, die im Ruhrgebiet einmarschiert war, um dort Unruhen zu unterdrücken. Am 17. Mai zogen sich die Franzosen wieder zurück. Der zwischenzeitlich erleichterte Grenzverkehr verschärfte sich erneut, als im Zuge des Ruhrkampfes im März 1923 französische Soldaten die Darmstädter Eisenbahnwerkstätten und das Elektrizitätswerk am Hauptbahnhof besetzten und die Waldkolonie sowie den Waldfriedhof für anderthalb Jahre von der Innenstadt abschnitten. Erst Ende 1924 zogen sie sich wieder zurück.

An Engpässen in der Lebensmittelversorgung der ersten Nachkriegsjahre hatten auch die Franzosen ihren Anteil. Die Beschaffung von Vollmilch, Gemüse und Kartoffeln gestaltete sich äußerst schwierig, weil Lieferungen aus dem besetzten Ried, speziell aus Griesheim, wegfielen. Bei Butter konnte meist nur die Hälfte der zustehenden Menge verteilt werden.

Fisch gab es im Frühjahr 1919 in Darmstadt überhaupt nicht, weil die Rheinschiffer nicht mehr lieferten. Im März erhielten die Erwachsenen je 175 g Fleisch und 75 g Wurst pro Woche, im Mai gab es weder Fleisch noch Wurst. Die Vollmilch- und die Kartoffelversorgung verbesserten sich allmählich. Im Herbst und Winter 1919/20 gab es v. a. Probleme mit der Mehlversorgung, so dass die Brotrationen stark herabgesetzt und das Brot mit Kartoffeln, Gerste und Hafer gestreckt werden mussten, was zu vielen Beschwerden der Verbraucher führte. Wer Wertgegenstände besaß, versuchte fehlende Lebensmittel im Schwarzhandel zu besorgen. Erst im Laufe des Jahres 1921 entspannte sich die Situation, nachdem die Bewirtschaftung der meisten Lebensmittel aufgehoben werden konnte.

Die Umstellung der Darmstädter Wirtschaft von Rüstungsgütern auf zivile Produktion gelang nur unter Schwierigkeiten. Aufgrund von Rohstoff- und Energieknappheit mussten viele Firmen ihre Produktion zurückfahren. Die HEAG konnte die Stromversorgung nicht mehr sicherstellen, auch die Gasversorgung musste gedrosselt werden. Der allgegenwärtige Kohlemangel begleitete Wirtschaft und Bevölkerung bis weit in die 1920er-Jahre hinein. Im Sommer 1922, spätestens jedoch mit der Besetzung des Ruhrgebiets durch französische und belgische Truppen im Januar 1923 begann die Hyperinflation. Die Geldentwertung erreichte unvorstellbare Ausmaße. Der Stundenlohn eines Arbeiters bei Merck in Darmstadt stieg zwischen Januar und November 1923 von 464 auf 500 Mrd. Mark. Der Preis für einen Liter Vollmilch stieg von 30 Pf. (24.10.1916) auf 1,44 (01.2.1920), 48 (13.10.1922), 1.200 (26.5.1923) und schließlich auf 15 Mrd. Mark (06.11.1923). Die Löhne wurden zeitweise mehrmals in der Woche ausgezahlt. Viele größere Firmen, etwa Merck und Röhm & Haas, gaben eigenes Notgeld aus, um den Mangel an Papiergeld zu beheben. Auch die Stadt verausgabte Notgeldscheine. In der Hochzeit der Inflation war es den Arbeitern durch die rasche Geldentwertung nicht mehr möglich, ihren Lohn rechtzeitig für Dinge des täglichen Bedarfs auszugeben. Viele Familien verarmten dadurch. Wiederholt kam es zu Unruhen unter der Arbeiterschaft und zu Lohnkämpfen.

Auch nach dem Ende der Inflation kam die Wirtschaft aufgrund von Kapital- und Energieknappheit sowie hoher Rohstoffkosten zunächst nicht in Schwung. Viele Firmen mussten Arbeiter entlassen oder Kurzarbeit einführen. Die Arbeitslosigkeit sank in Südhessen deshalb nur langsam. Die einst blühende Möbelindustrie, die fast ausschließlich auf die Produktion luxuriöser Produkte für die Mitglieder der Hofgesellschaft und des wohlhabenden Bürgertums orientiert war und viele europäische Fürstenhöfe und wohlhabende Kundschaft in ganz Europa beliefert hatte, musste sich gänzlich neu aufstellen und kam bis 1933 nicht mehr aus der Krise heraus. Die prosperierende Flugzeugindustrie hatte aufgrund des Versailler Vertrages bereits 1919 ihre Produktion einstellen müssen. Immer noch war Darmstadt ein Zentrum des Maschinen- und Apparatebaus mit mehreren großen Firmen, etwa der Herdfabrik Gebrüder Roeder, der Maschinenfabriken Goebel und Gebrüder Lutz, der Motorenfabrik Darmstadt AG (MODAG) sowie der Firma Schenck, die führend im Bau von Waagen und Transportsystemen war. Auf dem Gebiet der Eisen- und Metallwarenherstellung war v. a. die Firma Eisenbau Donges tätig, in der chemischen Industrie stellten nach wie vor Merck und Röhm & Haas die größten Betriebe.

Erst die Jahre 1926–28 brachten der regionalen Wirtschaft eine kurze Erholungszeit. Auslöser waren neben dem allgemeinen Konjunkturaufschwung die verbesserten Verkehrsverhältnisse des südhessischen Raumes. Die Darmstädter Reparaturwerkstätten der Reichsbahn profitierten von der überfälligen Erneuerung des Waggon- und Lokomotivbestandes. Die HEAG leitete die Reorganisation des Nahverkehrs in Darmstadt und den angrenzenden Gemeinden ein. 1924–26 stellte man die Dampfbahnlinien nach Arheilgen und Griesheim auf elektrischen Betrieb, erweiterte das innerstädtische Streckennetz und setzte erstmals Busse ein. Im November 1927 wurde die Stadtautobuslinie Schloss–Martinsviertel–Ostbahnhof eröffnet. Seit 1926 gab es Planungen für einen Ausbau des bestehenden Verkehrssystems, insbesondere den Bau von Autobahnen. 1926 gründete sich in Frankfurt der Verein zur Vorbereitung der Autostraße Hansestädte–Frankfurt–Basel e.V. (HAFRABA).

Er plante den Bau einer Autobahn von Hamburg über Frankfurt und Basel bis zum Mittelmeer in Genua. Die HAFRABA warb Ende 1928 für ihr Projekt mit einer Ausstellung, die die Bedeutung der Autobahn für Wirtschaft, Verkehrsentwicklung und Tourismus herausstellen sollte. Der erste bis zur Baureife geplante Teilabschnitt lief von Frankfurt über Darmstadt nach Mannheim, ließ sich jedoch nach Beginn der Weltwirtschaftskrise nicht verwirklichen. Die Nationalsozialisten setzten die baureifen Pläne ab 1933 um und verkauften sie als ihre eigene Idee.

Zu den bedeutenden Verkehrsverbesserungen zählte auch der Anschluss an den deutschen und internationalen Luftverkehr. Wie viele Kommunen versprach sich Darmstadt davon einen ähnlichen wirtschaftlichen Aufschwung wie 80 Jahre zuvor von der Eisenbahn. Ein eigener Flughafen galt zudem als Inbegriff einer modernen Stadt. Darmstadt erschloss ein Gelände auf der Lichtwiese, das am 1.6.1925 offiziell als Verkehrsflughafen eingeweiht wurde. Die Deutsche Lufthansa flog die Lichtwiese ab 1926 an, zunächst auf der Strecke Darmstadt–München; das Streckennetz erweiterte sich nach und nach. Auch der Luftfrachtverkehr nahm Ende der 1920er bedeutend zu, nachdem v. a. größere Darmstädter Unternehmen Waren per Luftfracht versandten. Die Ära als Station des Linienflugverkehrs endete jedoch bald. Am 30.9.1934 flog die Lufthansa zum letzten Mal die Lichtwiese an. Für die mittlerweile leistungsstärkeren Flugzeuge war der Platz zu klein geworden. Der 1936 eröffnete Rhein-Main-Flughafen südlich Frankfurts übernahm die Kapazitäten.

Die »Goldenen Zwanziger«: Theaterkunst und Stadtkultur

Im kulturellen Bereich kann man die 1920er-Jahre in mehrfacher Hinsicht als Zeit des Aufbruchs bezeichnen. Die Künstlerkolonie auf der Mathildenhöhe hatte während des Weltkriegs ihr Ende gefunden, ebenso die von ihr vertretene Stilkunst. Abgelöst wurde sie von einer literarisch-künstlerischen Strömung, die dem Expressionismus in Darmstadt zu einer späten Blüte verhalf. Einen ersten Impuls hatten 1915 literaturbegeisterte

Schüler des Ludwig-Georg-Gymnasiums gesetzt, die sich in der Dachstube im Elternhaus eines Gymnasiasten trafen und einer von ihnen herausgegebenen Zeitschrift spätexpressionistischer Prägung den Namen »Dachstube« gaben. Zu ihrem Kreis gehörten Joseph Würth, Theodor Haubach, Carlo Mierendorff, Hans Schiebelhuth und Fritz Usinger, die erste Arbeiten publizierten. Künstler wie Carl Gunschmann und Paul Thesing lieferten die Illustrationen. Ab 1919 gaben die Dachstubenkünstler *Das Tribunal. Hessische radikale Blätter* heraus, um die revolutionären Ziele, die sie in der Politik als gescheitert ansahen, in der Kultur durchzusetzen und eine neue Richtung zu begründen, die die alte großherzogliche Kultur überwinden sollte. Die Autoren und Herausgeber, neben Mierendorff und Haubach u. a. Kasimir Edschmid und Johannes R. Becher, orientierten sich an literarisch-politischen Vorbildern wie Georg Büchner. *Das Tribunal* musste Ende 1920 eingestellt werden, seine Ideen wirkten aber in der im Juni 1919 gegründeten Darmstädter Sezession weiter, die sich als *Sammelpunkt radikaler künstlerischer Bestrebungen* verstand. Prominente Mitglieder waren Ludwig Meidner, Max Beckmann und Bernhard Hoetger. Einen ersten großen Akzent setzte die Sezession mit der Ausstellung *Deutscher Expressionismus – Darmstadt* 1920.

Auch das nunmehr hessische Landestheater richtete sich mit seinem Repertoire auf die neue Kunstrichtung aus. Die erste Inszenierung von Büchners *Woyzeck* sowie Stücke von Carl Sternheim, Georg Kaiser, Fritz von Unruh und Igor Strawinsky setzten neue Maßstäbe des *Modernen Theaters*, v. a. während der Intendanzen von Gustav Hartung (1920–24, 1931–33), der das expressionistische Theater nach Darmstadt holte. Sie führten aber auch zu veritablen Theaterskandalen und politisch motiviertem Streit. Mehrfach wurde das Theaterprogramm im Hessischen Landtag Zankapfel zwischen linken und rechten Kräften. Wilhelm Leuschner, Landtagsabgeordneter und seit 1928 Innenminister, sowie sein Pressesprecher Carlo Mierendorff gaben dem von konservativen und nationalistischen Kräften angefeindeten Theater Rückendeckung.

Wie im Ersten Weltkrieg versuchten sich auch in den 1920er-Jahren die Menschen durch Kultur und Freizeitange-

Das Orpheum, 1878 als Rollschuhbahn errichtet, seit 1885 Varieté-Theater.

bote von den Härten und Entbehrungen des Lebens abzulenken. Die städtischen Veranstaltungshäuser wie der Saalbau oder das Orpheum mit ihren Bällen, Festen, Konzerten und Varieté-Veranstaltungen waren ebenso gut besucht wie das Landestheater. In der Museumslandschaft kam zum Hessischen Landesmuseum und zum 1909 eröffneten Stadtmuseum seit 1924 das Schlossmuseum hinzu, das viele Exponate aus der fürstlichen Epoche präsentierte und die Erinnerung an die Zeit der Residenzstadt wachhielt. An die Jagdlandgrafen erinnerte das 1918 in Kranichstein eröffnete Jagdmuseum. Eines der musikalisch-künstlerischen Aushängeschilder war die städtische Akademie für Tonkunst, entstanden 1922 aus der Übernahme dreier privater Konservatorien in städtische Trägerschaft. Mit der Berufung namhafter Lehrkräfte, mit der Gründung eines Opernstudios und einer Konzertreihe erregte die Akademie weit über Darmstadt hinaus Aufsehen. Regelmäßig konnten die Opernschüler das Publikum von ihren Fortschritten überzeugen. In den Konzerten der Akademie traten bekannte Solisten auf wie Richard Tauber, Adolf Busch, Claudio Arrau oder Wilhelm Kempf.

Auch auf dem Gebiet des Bildungswesens forderten der Wechsel des politischen Systems und seine gesellschaftlichen Folgen eine grundsätzliche Neuausrichtung. In der Schulpolitik ist dies am deutlichsten abzulesen am hessischen Volksschulgesetz von 1921, das für alle Kinder den gemeinsamen vierjährigen Besuch der Volksschule vorsah und die Vorschulen der Gymnasien sowie private Vorbereitungsschulen abschaffte. Auf dem Gebiet der Erwachsenenbildung galt es, den mündigen Bürger zu erziehen, der die Geschicke des demokratischen Staates nunmehr mitgestalten sollte. Diese Überlegung führte zur Gründung der Darmstädter Volkshochschule.

Der Sport entwickelte sich in der Zeit der Weimarer Republik zur Massenbewegung, beflügelt durch die Einführung des Achtstundentags, die dem Großteil der Beschäftigten längere Freizeit bescherte, sowie durch die vermehrte sportliche Betätigung von Mädchen und Frauen. Neben Turnen, Fußball, Schwimmen, Boxen, Ringen, Radfahren und Tennis fanden nun auch Leichtathletik, Tischtennis, Handball, Gymnastik und Kanufahren Eingang in das Angebot der Darmstädter Vereine. Zur Bewältigung des erweiterten Sportangebots stand ein umfangreicher Ausbau der Sportanlagen an. Der SV Darmstadt 98 konnte im Juli 1921 mit dem Böllenfalltor-Stadion eine moderne Spiel- und Sportstätte in Betrieb nehmen. Unmittelbar daneben entstand 1922 der Sportplatz für das neu gegründete Sportinstitut der Technischen Hochschule, der 1928 durch ein Schwimmbad erweitert wurde. Der Woog entwickelte sich zum Zentrum des Schwimm- und Wassersports mit einer 100-m-Wettkampfbahn, auf der 1920 die deutschen Meisterschaften im Schwimmen ausgetragen wurden. 1926 erfolgte der Bau einer Sprunganlage mit 10-m-Turm. Die TG 1846 pachtete 1928 ein Gelände an der Heinrich-Fuhr-Straße, das in den folgenden Jahren zu einem Sportgelände mit 400-m-Bahn, Sprung- und Wurfanlagen sowie einem Turnplatz und einer Rollschubahn ausgebaut wurde.

Wirtschaftskrise und Aufstieg des Nationalsozialismus

Der kurze wirtschaftliche Aufschwung mündete schon Mitte 1928 in eine erneute Konjunkturkrise, die durch Absatzschwierigkeiten der Wirtschaft und die hohen Belastungen durch Reparationszahlungen an die Siegermächte des Ersten Weltkriegs bedingt war. Die mit dem Schwarzen Freitag 1929 einsetzende Krise hatte Tausende von Konkursen und Massenarbeitslosigkeit zur Folge. Gerade Klein- und Mittelbetriebe fielen ihr zum Opfer. In Darmstadt etwa ging die Zahl der Handwerksbetriebe und der Gastwirtschaften stark zurück. Aber auch Großbetriebe wie Röhm & Haas, Schenck und Merck hatten unter erheblichen Umsatzrückgängen und einem massiven Preisverfall zu leiden und entließen viele Beschäftigte. Im Mittelpunkt der politischen Bemühungen der Jahre 1931/32 stand die Bekämpfung der Bankenkrise. Dieser fiel im Juli 1931 die Darmstädter und Nationalbank (Danat-Bank), die zweitgrößte deutsche Geschäftsbank, zum Opfer. Wenige Wochen später war auch die 1862 gegründete Darmstädter Volksbank zahlungsunfähig. Sie musste mit Zuschüssen des Reiches, der Genossenschaftsverbände und der Dresdner Bank gerettet werden. Ebenso musste die Vereinsbank Eberstadt 1931 Konkurs anmelden. Ihre Geschäftsgebäude in der Mühltalstraße übernahm die Sparkasse Darmstadt, die ihrerseits nur mit Mühe die Krise überstand.

Der Hessische Landtag beschloss im Sommer 1930 ein Landes-Notprogramm zur Förderung der Wirtschaft und Senkung der Arbeitslosigkeit, das hauptsächlich billige Kredite für Notstandsmaßnahmen vorsah, z. B. für die Planung von Kleinsiedlungen für Arbeitslose und Kurzarbeiter, die unter Selbsthilfe der Siedler zu errichten waren und vielen Erwerbslosen eine neue Existenz schaffen sollten. Die Stadt stellte zu diesem Zweck ein Gelände am Alten Eschollbrücker Weg (heute Heimstättenweg) zur Verfügung. Im April 1932 begannen 100 Siedler mit dem Bau der ersten Heimstätten mit Kleinviehstall auf Grundstücken von 600 m^2 Größe.

Anfang 1932 bezogen in Darmstadt 28 % der Berufstätigen Arbeitslosengeld, dazu kamen noch viele Wohlfahrtsempfänger, insgesamt fast 20.000 Menschen. Arbeitslosigkeit und allgemeine Unzufriedenheit sorgten für eine Destabilisierung der politischen Verhältnisse; weite Kreise der Bevölkerung wandten sich von den demokratischen Parteien ab und spielten damit den Nationalsozialisten in die Hände. Bereits seit Ende 1929 saßen fünf Mitglieder der NSDAP im Darmstädter Stadtparlament. Seit 1931 stellte die Partei mit 37 % der Stimmen die stärkste Fraktion im Hessischen Landtag. Die politischen Auseinandersetzungen nahmen an Heftigkeit zu. Fast pausenlos gab es Versammlungen und Demonstrationen, die nicht selten mit Saalschlachten endeten. Auslöser waren häufig die Kampforganisationen SA (Nationalsozialisten) und Eiserne Front (SPD und Gewerkschaften). Im Stadtparlament wie im Landtag kam es zu Tumulten, die keine geordnete politische Arbeit mehr zuließen. Zum Abschluss des Herbstwahlkampfes 1931 sprach am 13. November Adolf Hitler vor 20.000 Zuhörern in der Festhalle, am 12.3.1932 an selber Stelle Heinrich Himmler. Zu Hitlers erneutem Auftritt auf der Radrennbahn im Süden Bessungens versammelten sich am 15.6.1932 gar 40.000 Menschen. Zwei Tage später kamen rund 30.000 Menschen auf den Marienplatz zu einer Kundgebung der »Eisernen Front« mit Reichstagspräsident Paul Löbe, Staatspräsident Bernhard Adelung und dem Arbeiterjugendführer Erich Ollenhauer unter dem Motto *Macht Hessen frei vom Hakenkreuz*. Der Wunsch war vergeblich. Bei der Reichstagswahl am 5.3.1933 stimmten genau 50 % der Darmstädter für die NSDAP. Einen Tag später wehte die Hakenkreuzfahne als Zeichen der »Machtergreifung« über dem Landtagsgebäude am Luisenplatz, der seit dem 15. April Adolf-Hitler-Platz hieß.

Diktatur, Widerstand, Verfolgung, Judenpogrome

Die neuen Machthaber gestalteten Stadtverwaltung, Landesregierung und Behörden rigoros um und schworen sie auf das Führerprinzip ein, viele Beschäftigte erhielten ihre Entlassungspapiere. Der Landesregierung wurde durch Unterstellung unter den NSDAP-Gauleiter Jakob Sprenger ihre Selbständigkeit entzogen. Alle Bereiche des öffentlichen Lebens, Verwal-

Ratsherren der Stadt Darmstadt 1933 im Sitzungssaal des Alten Rathauses.

tungen, Vereine, Schulen und Organisationen wurden gleichgeschaltet, d. h. streng hierarchisch nach dem Führerprinzip organisiert und ideologisch auf die Linie der NSDAP gebracht. »Undeutsche« Literatur ließen die Nationalsozialisten aus Bibliotheken und Universitäten entfernen und am 21.06.1933 auf dem Mercksplatz öffentlich verbrennen.

Die Spitze der Stadtverwaltung mit Oberbürgermeister Rudolf Mueller sowie den Bürgermeistern Heinrich Delp und Friedrich Ritzert verlor ebenfalls ihre Ämter. Nach zwei Interimskandidaten wurde im März 1934 Otto Wamboldt ohne Wahl als neuer Oberbürgermeister in sein Amt eingesetzt. Durch die reichsweite Neuordnung der Kommunalverwaltung ersetzte man die Stadtverordnetenversammlung durch einen Stadtrat, dessen Mitglieder sich Ratsherren nennen durften, aber lediglich als Akklamationsorgan für den zum »Führer der Gemeinde« bestellten Wamboldt dienten, der mit seinen neu ernannten Beigeordneten die Geschicke der Stadt bis 1945 bestimmte. Die städtische Wohlfahrtspflege wurde zum Teil aus der Stadtverwaltung ausgegliedert und in die Parteigliederungen NSV (Nationalsozialistische Volkswohlfahrt), KdF (Kraft durch Freude) und verschiedene NS-Hilfswerke integriert. Nach der Besetzung des Gewerkschaftshauses in der Bismarckstraße am 2.5.1933 wurden auch die Gewerkschaften aufgelöst bzw. in die NS-Organisation der DAF (Deutsche Arbeitsfront) überführt. Arbeitersportvereine, der Arbeiter-Samariterbund und andere als »marxistisch« angesehene Gruppierungen wurden ebenso verboten wie die Logen der Freimaurer und der Rotary-Club.

Als Hilfspolizisten vereidigte SA-Trupps übten Terror gegen Sozialdemokraten, Gewerkschafter und Kommunisten aus, die teils zusammengeschlagen, teils verhaftet und in die neu errichteten Konzentrationslager – z. B. Osthofen bei Worms – deportiert wurden. Dieses Schicksal traf den hessischen Innenminister Leuschner, seinen Pressesprecher und Reichstagsabgeordneten Mierendorff und ebenso den kommunistischen Stadtverordneten Georg Fröba (1896–1944). Zur Überwachung aller politischen Gegner entstand ab 1933 die Gestapo (Geheime Staatspolizei), die sich zur gefürchteten politischen Polizei entwickelte. Zur raschen Aburteilung politisch Missliebiger wurde schon im März 1933 beim Landgericht das Sondergericht Darmstadt gebildet, das auf der Grundlage von Verordnungen unter Ausschluss des Rechtswegs willkürliche Urteile gegen Oppositionelle fällte. Sonderjustiz und Gestapo gingen gemeinsam gegen die sich bildenden Widerstandsgruppen vor, deckten sie nach und nach auf und verurteilten ihre Mitglieder zu hohen Haftstrafen.

Das Leben in der NS-Zeit zeichnete sich durch die Vereinnahmung der Menschen seitens der Partei und ihrer Organisationen aus, die in alle Lebensbereiche steuernd eingriffen. Alle Vereine und Organisationen wurden in das System aus Gleichschaltung und Führerprinzip eingebunden. Presse und Medien, jegliche Kunst und Kultur, wurden gelenkt und überwacht. Kultur- und Kunstschaffende konnten ohne Zwangsmitgliedschaft in der Reichskultur-, Reichsschrifttums- oder Reichsmusikkammer ihren Beruf nicht mehr ausüben. Arbeiter und Arbeiterinnen waren aufgefordert, der Deutschen Arbeitsfront beizutreten, Studierende dem NS-Studentenbund, Sportvereine dem Reichsbund für Leibesübungen. Massenveranstaltungen,

Sammelaktionen und beständige Indoktrination sollten die NS-Gesellschaft verwirklichen helfen. Nachdem sozialistische oder liberale Zeitungen wie der *Hessische Volksfreund*, der *Hessische Beobachter* (beide 1933) und schließlich 1935 auch die *Darmstädter Zeitung* verboten worden waren, konnten sich die Darmstädter nur noch aus der parteiamtlichen *Hessischen Landeszeitung* und dem ebenfalls gleichgeschalteten *Darmstädter Tagblatt* informieren. Ausstellungsprogramme von Kunsthalle – hier wurde 1936 die Ausstellung »Entartete Kunst« gezeigt –, Mathildenhöhe und Hessischem Landesmuseum wurden ebenso »gesäubert« wie der Spielplan des Landestheaters. Die Kunstschätze aufgelöster Künstlervereinigungen bildeten die Grundlage der 1937 gegründeten Städtischen Kunstsammlung, aus der zuvor jegliche »entartete« Kunst ausgeschieden worden war. Ebenfalls 1937 verfügte Reichsstatthalter Jakob Sprenger die Eingemeindung der Vororte Arheilgen (mit der Siedlung Kranichstein) und Eberstadt nach Darmstadt, gegen den Willen der dortigen Verwaltung und Bürgerschaft. Kurz darauf folgte das Griesheimer Flugfeld einschließlich der Siedlung Tann. Darmstadt wurde damit zur Großstadt mit 110.738 Einwohnern. Ein Jahr später war man auch kreisfrei.

Als Erfolge ihrer Politik verkauften die Nationalsozialisten der Bevölkerung nicht nur den Autobahnbau bei Darmstadt (dessen fertige Pläne sie vorgefunden hatten) und die zurückgehende (jedoch bereits seit 1932 rückläufige) Arbeitslosigkeit, sondern auch die Beseitigung des Wohnungsmangels. Auch hier setzten sie die bereits angelaufenen Wohnungsbauprogramme fort, d. h. insbesondere den Kleinsiedlungsbau am Stadtrand, der ihren Zielen entgegenkam. In der Heimstättensiedlung, in der Waldkolonie, die man um die »Frontkämpfersiedlung« im Harras erweiterte, in Bessungen, am Ostbahnhof und am Woog entstanden Wohnblocks und Einfamilienhäuser. Ab 1936 waren die Wohnungsbauprogramme an den Vierjahresplan gekoppelt, der die gesamte deutsche Wirtschaft in den Dienst der Aufrüstung und der möglichst vollkommenen Selbstversorgung des Deutschen Reiches mit Rohstoffen stellte. Jetzt wurden v. a. Wohnungen für Industriearbeiter und für die Wehrmacht gefördert.

Bereits kurz nach der »Machtergreifung« setzten erste Terroraktionen gegen jüdische Geschäfte und die jüdische Bevölkerung ein. Geschäftsleute und prominente Mitglieder der liberalen und der orthodoxen Gemeinde wurden verhaftet und gemeinsam mit inhaftierten Sozialdemokraten und Kommunisten zum Beseitigen der NS-feindlichen Wahlpropaganda eingesetzt. Die Nürnberger Rassegesetze von 1935 boten weitere Handhabe für Willkürakte. Zahlreiche, vielfach alteingesessene jüdische Geschäfte zwang man zur Aufgabe: die Kaufhäuser Rothschild und Tietz am Marktplatz, die Möbelfirma Trier, das Porzellangeschäft Rosenthal am Ludwigsplatz, das Schuhhaus Speier und das Textilhaus Hachenburger in der Ernst-Ludwig-Straße. Im Juli 1938 brachten die NS-Behörden an allen wichtigen öffentlichen Einrichtungen wie Badeanstalten, Museen und Bibliotheken Schilder mit der Aufschrift *Juden ist der Zutritt verboten* an. Ähnliche Hinweise fanden sich auch an den Türen und Schaufenstern vieler Darmstädter Geschäfte. Im November 1938 wurden alle jüdischen Kinder von den Darmstädter Schulen verwiesen. Als am Abend des 9.11.1938 die Nachricht vom Tod des zwei Tage zuvor niedergeschossenen Pariser Gesandtschaftsrats Ernst vom Rath in Deutschland eintraf, kam es zu angeblich *spontanen judenfeindlichen Kundgebungen*, die jedoch in Wahrheit von langer Hand vorbereitet waren. In der kommenden Nacht brannten SA-Trupps vor den Augen zahlreicher Schaulustiger die beiden Synagogen in der Bleich- und der Friedrichstraße sowie die in Eberstadt nieder. Auch das Gebäude der Jüdischen Schule in der Friedrichstraße wurde ein Raub der Flammen. Die Arheilger Synagoge entging diesem Schicksal nur, weil die Jüdische Gemeinde sie kurz zuvor verkauft hatte. Am 1.9.1941 erfolgte die Polizeiverordnung, nach der jeder über sechsjährige Jude in der Öffentlichkeit einen sog. »Judenstern« zu tragen hatte.

Die November-Pogrome und die folgenden Verordnungen führten vielen Juden klar vor Augen, worauf die Entwicklung hinauslaufen würde. Von den im Juni 1933 in Darmstadt lebenden 1427 »Israeliten« waren bis 1938 etwa 500 ausgewandert. Jetzt stiegen die Auswandererzahlen schlagartig an. 1939/40 verließen noch einmal etwa 500 Juden Darmstadt.

Theodor Haubach (1896–1945) vor dem Volksgerichtshof 1944.

Trauriger Höhepunkt des Leidens der verbliebenen jüdischen Bevölkerung waren die Transporte, mit denen die »Endlösung« auch in Darmstadt durchgeführt wurde. Im März und September 1942 sowie im Februar 1943 deportierten die NS-Behörden in insgesamt vier Transporten die jüdische Bevölkerung aus Südhessen und Rheinhessen, darunter rund 350 Darmstädter Namen, in die Konzentrations- bzw. Vernichtungslager Theresienstadt, Auschwitz u. a. Auch die Darmstädter Sinti, die zum großen Teil in der Altstadt lebten, wurden Opfer des Völkermords. Im März und im Mai 1943 wurden sie nach Auschwitz deportiert, wo die allermeisten umkamen. Zum Gedenken an die aus Darmstadt deportierten Juden, Sinti und Roma wurde 2004 am Güterbahnhof ein Mahnmal eingeweiht, das »Denkzeichen Güterbahnhof«.

Auch viele Widerstandskämpfer bezahlten ihren Mut mit dem Leben, doch der politische Widerstand lebte trotz aller Verfolgungsmaßnahmen. Zellen in Hessen und Rheinland-Pfalz wurden bereits seit Ende der 1930er wiederaufgebaut und nach Kriegsbeginn verstärkt aktiv. Konspirativer Leiter dieser Organisation war Ludwig Schwamb, ein früherer Mitarbeiter von Leuschner und Mierendorff, zu denen er intensive Kontakte pflegte. Sie waren ihrerseits Mitglied in der Widerstandsbewegung des Kreisauer Kreises, benannt nach dem schlesischen Landgut des Grafen Helmuth James von Moltke, wo man sich traf, um eine neue Ordnung für das deutsche Volk nach dem

Sturz des Hitler-Regimes auszuarbeiten. Aus Darmstadt gehörten auch Theo Haubach und der Jesuitenpater Alfred Delp zum Kreis. Nach dem gescheiterten Attentat vom 20.7.1944 wurden sie verhaftet und zwischen September 1944 und Januar 1945 hingerichtet. Mierendorff war bereits am 4.12.1943 bei einem Luftangriff auf Leipzig ums Leben gekommen. Der frühere Stadtverordnete Georg Fröba bezahlte sein Wirken in einer kommunistischen Widerstandsgruppe mit dem Leben. Zu den führenden Köpfen der kommunistisch getragenen Spionage- und Widerstandsorganisation »Rote Kapelle« gehörte der am 24.5.1901 in Darmstadt geborene Arvid Harnack, der im August 1942 verhaftet und am 22. Dezember in Berlin-Plötzensee hingerichtet wurde. Am selben Tag starb auch Elisabeth Schumacher (* 1904 in Darmstadt), die als Mitglied der »Roten Kapelle« bei der Herstellung und Verbreitung verbotener Flugschriften mitwirkte.

Untergang des alten Darmstadt im Zweiten Weltkrieg

Zu dieser Zeit stand Darmstadt schon mitten im Bombenkrieg. Vorboten des kommenden Kriegs waren die Wiederherstellung der Wehrhoheit, die 1936 zur Aufstellung neuer Regimenter und dem Neubau mehrerer Kasernen im Stadtwesten und -süden führte, und die Gründung des Reichsluftschutzbunds, dessen Zwangsschulungen seit Oktober 1936 die Bevölkerung auf das Verhalten bei Fliegerangriffen vorbereiteten. In geeigneten Räumen wurden öffentliche Luftschutzräume eingerichtet, dazu Hochbunker, die zum Teil heute noch im Stadtbild zu finden sind. Auf freien Plätzen, wie dem Mathildenplatz, dem Marienplatz oder im Herrngarten, legte man Löschteiche an. Für die meisten Menschen standen keine öffentlichen Schutzräume zur Verfügung, sie mussten die Keller ihrer Häuser zu provisorischen Schutzräumen herrichten.

Am 7.3.1940 wurde im Darmstädter Helia-Kino der im Sommer 1938 gedrehte und gerade fertiggestellte Kulturfilm *Die Stadt im Walde* uraufgeführt, mit dem Darmstadt für die Schönheit seines Stadtbildes und für seine kulturellen Errungenschaften warb. Gut drei Monate später begann mit dem ersten Abwurf englischer Bomben am 30.7.1940 die Zerstörung eben dieses Stadtbildes. Insgesamt mussten die Darmstädterinnen und Darmstädter in den fünf Kriegsjahren zwischen Juli 1940 und März 1945 fast 40 Luftangriffe und 1.567 Luftalarme über sich ergehen lassen. Die ersten Luftkriegsopfer forderte ein Angriff am 22.7.1941, der Häuser in der Kranichsteiner, Liebfrauen-, Pankratius- und Lagerhausstraße (heute Julius-Reiber-Straße) zerstörte. Man zählte 10 Tote und 25 Verwundete. *Man wird wohl später einmal von der »Darmstädter Bombennacht« sprechen*, schrieb der Professor an der Technischen Hochschule Fritz Limmer in sein Tagebuch, ohne die geringste Vorstellung davon, was den Menschen an Bombennächten noch bevorstehen sollte.

Der erste gezielte Großangriff erfolgte am Abend des 23.9.1943. 29 englische Flugzeuge warfen Spreng- und Brandbomben auf das Martins- und Johannesviertel und die Gegend um die Nieder-Ramstädter Straße; besonders getroffen wurde die Altstadt, die mit ihren eng zusammenstehenden Fachwerkhäusern den durch Brandbomben verursachten Feuern reichlich Nahrung bot. Man gedachte der 149 Toten und 278 Verwundeten in einer pompösen und von Durchhalteparolen bestimmten Trauerfeier vor dem Hessischen Landesmuseum. Etwa 5.000 Menschen waren obdachlos geworden. Besonders zu leiden hatten Tausende von Zwangsarbeitenden sowie Kriegsgefangene, die in fast allen Industrie- und Gewerbebetrieben sowie in der Landwirtschaft eingesetzt waren. Sie wohnten in bis zu 60 über die Stadt verteilten Lagern. Ihnen war die Nutzung von Luftschutzräumen und Bunkern untersagt. Vermutlich mehr als 1.000 von ihnen sind bei den Bombenangriffen auf Darmstadt ums Leben gekommen.

Mit der alliierten Invasion in der Normandie nahmen feindliche Flugbewegungen und Luftalarme in beängstigendem Maße zu. Von Sommer 1944 bis zum Kriegsende mussten die Menschen in Darmstadt fast täglich die Schutzräume aufsuchen. Für die Nacht vom 25. auf den 26.8.1944 war die Zerstörung der Stadt vorgesehen. Der Angriff der fast 200 Bomber schlug jedoch fehl, viele Maschinen warfen ihre tödliche Fracht über Griesheim, Groß-Gerau, Bickenbach, Pfungstadt, Eberstadt und

Die Umgebung des Luisenplatzes im September 1945.

anderen Orten der Umgebung ab. In Darmstadt gab es 8 Tote und 93 Verwundete; die Stadtkirche lag in Trümmern. Am 11. September starteten etwa 230 Bomber erneut zum Angriff und warfen 191 Luftminen, 33 Spreng- und fast 286.000 Stabbrandbomben ab. Tausende von Einzelbränden entwickelten sich zum Feuersturm, der die Straßen der Innenstadt unpassierbar und Rettungsaktionen unmöglich machte. Die genaue Zahl der Toten der seit 1964 so genannten *Brandnacht* ist nicht bekannt. Sie dürfte bei 11.000–12.000 liegen. Die amtliche Quote der Zerstörung für die Kernstadt betrug 78 %, die Innenstadt war jedoch zu 99 % zerstört. Der Großteil der Opfer wurde in den nächsten Wochen in einem Massengrab auf dem Waldfriedhof bestattet.

Nach der Brandnacht setzte eine Massenflucht der Bevölkerung ein. Etwa 49.200 Menschen verließen die Stadt und zogen meist in den Odenwald oder an die Bergstraße. Das öffentliche Leben kam zum Erliegen. Landes- und Stadtverwaltung saßen provisorisch in Ausweichquartieren. Die Schulen waren ebenso geschlossen wie Theater, Museen, Büchereien, Kinos. Die verbliebene Bevölkerung musste am 13. und 19.9. sowie am 12. und 24.12.1944 weitere alliierte Luftangriffe über sich ergehen lassen, die hauptsächlich den Bahnanlagen und der Industrie im Norden und Nordwesten galten und noch einmal etwa 400 Menschenleben forderten.

Nach 1945: Darmstadt als Ort der Künste und der Wissenschaft

Besatzung, Mangelernährung und Trümmerräumung

Als am 25.3.1945 US-Panzertruppen einmarschierten und Darmstadt ein vorzeitiges Kriegsende bescherten, lebten noch 51.000 der rund 115.000 Vorkriegsbewohner in Kellerhöhlen, Gartenhäuschen und den weniger zerstörten Vororten. Unter großen personellen und materiellen Schwierigkeiten begann der Aufbau einer Verwaltung mit dem von der US-Militärregierung eingesetzten Rechtsanwalt Ludwig Metzger (1902–93) als Oberbürgermeister. Die Aufgaben für die erste Stadtregierung waren gigantisch. Von knapp 35.000 Wohnungen waren rund 16.000 völlig oder weitgehend zerstört, ca. 6.000 beschädigt. Hinzu kam die Beschlagnahme intakter Wohnungen durch die US-Truppen. Heimkehrende Soldaten und Evakuierte verschärften das Problem. Die Wohnraumbewirtschaftung durch das städtische Wohnungsamt konnte erst Anfang der 1950er aufgehoben werden, als die US-Verwaltung mit dem Bau von zwei Wohnsiedlungen für Armeeangehörige begann, der Jeffersonsiedlung unterhalb der Ludwigshöhe und des Lincoln-Village westlich der Heidelberger Straße, und die beschlagnahmten Häuser und Wohnungen freigab. Ungefähr 3 Mio. m³ Trümmerschutt bedeckten Straßen und Grundstücke. Viele Kilometer Schienen für eine Trümmerbahn wurden verlegt, die den Schutt auf den Exerzierplatz transportierte, wo eine Trümmermühle daraus Baustoffe herstellte. Die mit der Räumung beauftragten Firmen wurden durch die männliche Bevölkerung unterstützt, die regelmäßig zur Trümmerräumung anzutreten hatte. Bis Anfang 1954 waren trotz aller Anstrengungen erst rund 1,5 Mio. m³ Trümmerschutt beseitigt.

Nach der Räumung der Straßen verkehrten bis Ende 1945 wieder fast alle Straßenbahnlinien. Der Busverkehr konnte aus Mangel an Fahrzeugen erst 1948 wiederaufgenommen werden.

In kurzer Zeit wurden viele Linien v. a. in den Landkreis wieder aufgenommen bzw. neu eröffnet. 1961 hatte das Busnetz eine Länge von 85 km erreicht, das der Straßenbahn 51 km. Der öffentliche Nahverkehr bildete in der ersten Nachkriegszeit, als niemand ein Auto besaß, das Rückgrat der Verkehrsinfrastruktur. Elektrizitäts-, Gas- und Wasserversorgung funktionierten ebenfalls nach relativ kurzer Zeit wieder, waren jedoch für längere Zeit rationiert.

An einen Wiederaufbau war zunächst nicht zu denken. Große Anstrengungen erforderten vielmehr die Ernährung und die Gesundheitsversorgung der Bevölkerung. Während die Lebensmittelversorgung bis Ende 1945 noch einigermaßen zufriedenstellend war, verschlechterte sie sich 1946 und 1947 zunehmend. Unterernährung und Mangelerkrankungen wie Tuberkulose, Diphterie und Typhus nahmen zu. Erhebliche Probleme bereitete daneben die Aufrechterhaltung der öffentlichen Ordnung. Diebstähle, Plünderungen und Überfälle, zum Teil ausgeführt von ehemaligen Zwangsarbeitern, häuften sich, zumal die Polizei erst ab Juli 1945 wieder Waffen tragen durfte.

Als schwierig erwies sich zunächst die Zusammenarbeit mit der Militärregierung, die anfangs von gegenseitigem Misstrauen geprägt war. Übel nahm man den Amerikanern, dass die Bevölkerung trotz entbehrungsreicher Arbeit bei der Trümmerbeseitigung schlechter mit Lebensmitteln versorgt wurde als die bis zu 25.000 im Internierungslager am westlichen Stadtrand inhaftierten ehemaligen NS-Funktionäre, SA- und SS-Angehörigen. Vertreter der Militärregierung stellten häufig Forderungen an die Darmstädter Verwaltung, die diese kaum in der Lage war zu erfüllen. Oberbürgermeister Metzger leistete den Befehlen mehr als einmal Widerstand, v. a. im September 1945, als die Amerikaner auf Grund des Gesetzes Nr. 8 über das Verbot der Beschäftigung von Mitgliedern der NSDAP in leitenden Positionen die Entlassung vieler Beschäftigter bei der Stadt und ihren Tochterunternehmen verlangten. Als Metzger sich weigerte, weil er die Funktionsfähigkeit der Verwaltung gefährdet sah, wurde er seines Amtes enthoben, im Januar 1946 jedoch wieder eingesetzt. Nur ein Teil der belasteten Beschäftigten wurde schließlich entlassen, einige von ihnen später wieder eingestellt. Erst allmählich entspannte sich das deutsch-amerikanische Verhältnis und führte zu einer gedeihlichen Zusammenarbeit. Dazu trugen v. a. die Hilfsaktionen amerikanischer Wohltätigkeitsorganisationen bei, die z. B. eine regelmäßige Schulkinderspeisung ermöglichten. Der US-Politik der »reeducation«, der Heranführung der Deutschen an die Demokratie, verdankten die Darmstädter die Einrichtung einer amerikanischen Bibliothek, aus der 1947 das Amerikahaus entstand.

Wiederaufbau von Kultur und Schulwesen

Ein zügiger kultureller Wiederaufbau half Darmstadt und seiner Bevölkerung über die katastrophalen Lebensverhältnisse hinweg, ebenso über den in vielen Augen drohenden Identitätsverlust: Die Stadt hatte zusätzlich zur schweren Zerstörung auch den Verlust der Hauptstadtfunktion und die Abwanderung der Regierungs- und Landesbehörden zu verkraften, nachdem die Amerikaner das weniger zerstörte Wiesbaden im September 1945 zur Hauptstadt des neuen Bundeslandes Hessen bestimmt hatten. Frühzeitig bemühte sich daher die Stadtverwaltung um einen Neubeginn des kulturellen Lebens. Schon im Herbst 1945 gab es erste Konzerte, Vorträge und Kunstausstellungen. Im Dezember konnte das Hessische Landestheater einen provisorischen Spielbetrieb in der Orangerie aufnehmen. 1946 erfolgte die Gründung der »Ferienkurse für neue Musik«, die der nach 1933 verbotenen zeitgenössischen Musik wieder Gehör verschaffen sollten. Die Deutsche Akademie für Sprache und Dichtung, die alljährlich mit dem Georg-Büchner-Preis den bedeutendsten deutschen Literaturpreis vergibt, nahm ihren Sitz 1950 ebenso in Darmstadt wie ein Jahr später das deutsche PEN-Zentrum. Aufsehen erregten die seit 1950 veranstalteten »Darmstädter Gespräche«, die führende Wissenschaftler und Künstler zu intensiven und von der Öffentlichkeit beachteten Diskussionen zusammenführten. Die Ausstellung zum zweiten Gespräch »Mensch und Raum« im Jahr 1951 präsentierte 11 Entwürfe für Meisterbauten namhafter Architekten, von denen fünf in den folgenden Jahren in Darmstadt verwirklicht wurden: das

Ledigenwohnheim von Ernst Neufert, der Kindergarten »Kinderwelt« von Franz Schuster, die Georg-Büchner-Schule von Hans Schwippert, das Ludwig-Georg-Gymnasium von Max Taut und die Frauenklinik von Otto Bartning. Die Akademie für Tonkunst, von der NS-Verwaltung zur Landesmusikschule degradiert, konnte 1953 neue Räumlichkeiten in einem ehemaligen Krankenhaus in der Hermannstraße beziehen. Im selben Jahr erfolgte die Gründung einer Jugendmusikschule. Dass die Menschen in Darmstadt das Feiern nicht verlernt hatten, zeigte das 1951 als Identität stiftende Maßnahme begründete und seitdem jährlich veranstaltete Heinerfest, das anfänglich zwischen Baracken und Ruinen stattfand. 1955 konnte die Bevölkerung vor dem wieder aufgebauten alten Rathaus die 625-Jahr-Feier der Stadtgründung begehen, auch wenn sich die Geschichte des gefeierten Jubilars im Ortsbild kaum noch erahnen ließ.

Vorrangiges Ziel war auch der Wiederaufbau des Schulwesens. Mehr als ein Jahr nach der Zerstörung der meisten Schulen begann im Oktober 1945 wieder der Unterricht in einigen erhaltenen Schulgebäuden, in denen wenige Lehrkräfte überfüllte Klassen im Mehrschicht-Betrieb und fast ohne Bücher und Lernmaterial unterrichteten. Mit dem Beginn des Wirtschaftswunders legte die Stadt ein umfangreiches Schulbauprogramm auf. In wenigen Jahren entstanden mit der Friedrich-Ebert-Schule (1950), der Elly-Heuss-Knapp-Schule (1954), dem Ludwig-Georg-Gymnasium (1955) und der Wilhelm-Leuschner-Schule (1956) vier moderne Neubauten. 1958 konnte mit der Fertigstellung des Stadthauses in der Grafenstraße die seit 1945 von der Stadtverwaltung genutzte Eleonorenschule für die schulische Nutzung freigemacht werden. Mit der Georg-Büchner- (1960) und der Lichtenbergschule (1966) fand das Schulbauprogramm seinen vorläufigen Abschluss.

Rauchlose Industrie, Wirtschaftswunder, Wohnsiedlungen

Die rund drei Jahrzehnte nach 1950 sind gekennzeichnet durch den nahezu vollständigen Wiederaufbau der Stadt in Verbindung mit einer ausgedehnten Verkehrsplanung und

Stadterweiterung. Nach der Währungsreform im Juni 1948 und der allmählichen Freigabe von Baustoffen begann eine intensive Wiederauf- und Neubautätigkeit. Ab 1949 entstanden am westlichen Stadtrand mit der Buchenland- und der Donausiedlung sowie der Siedlung St. Stephan Wohngebiete hauptsächlich für Vertriebene aus dem Osten, mit tätiger Selbsthilfe der neuen Bewohner errichtet. Bis 1954 waren bereits fast 24.000 neue Wohnungen entstanden, 1959 gab es in Darmstadt 1.400 Baustellen. Neue Siedlungen entstanden, z. B. an der unteren Rhein- und der westlichen Bessunger Straße, in mehreren Abschnitten im Süden und Nordwesen Eberstadts und im Südosten und Westen Arheilgens. Entlang der Roßdörfer und der verkehrsreichen Heinrichstraße schob sich das Ostviertel immer weiter Richtung Botanischer Garten und Lichtwiese vor.

1949 begann die von dem Architekten Kurt Jahn gemeinsam mit der Stadt getragene Wiederaufbau GmbH mit der Ansiedlung von Betrieben der rauchlosen Industrie auf dem Gelände des ehemaligen Exerzierplatzes und der umliegenden Kasernen im Westen der Innenstadt und hatte damit entscheidenden Anteil an der Entwicklung der städtischen Wirtschaft. Die Zahl der Industriebetriebe stieg von 151 Ende 1947 auf 265 im Oktober 1951, die Zahl der Beschäftigten von etwa 10.000 auf etwa 56.000. Bis 1959 gelang der Wiederaufbau GmbH die Ansiedlung von etwa 170 Verlagen, Druckereien sowie Nahrungsmittel- und Kosmetikbetrieben mit insgesamt 10.000 neuen Arbeitsplätzen. Die größte Neuansiedlung war die Wella AG, die ihren Firmensitz mit Verwaltung, Laboratorien und Versand 1950 an die Berliner Allee verlegte. In der benachbarten Schöfferstraße entstand 1965 der Neubau der Staatsbauschule, aus der 1971 die Fachhochschule (heute Hochschule) hervorging.

Die Stadtplanung der Wirtschaftswunderzeit richtete sich nach den Leitbildern der gegliederten, aufgelockerten, autogerechten Stadt. Entsprechend wurde die Innenstadt mit breiten und geraden Straßen geplant, an denen entlang sich eine moderne Geschäfts- und Industriestadt entwickeln sollte. Rhein-, Neckar- und Landgraf-Georg-Straße baute man zu breiten Durchgangsachsen aus. Die zerstörte historische Altstadt wurde

Spielplatz in der Neubausiedlung am Schiebelhuthweg. – Fotografie von 1964

mit Gebäuden der Technischen Hochschule (TH) überbaut. Zwischen 1954 und 1960 entstanden die Institute für Wasserbau, für Massivbau (für das ein großes Stück der alten Stadtmauer geopfert wurde), für Statik und Stahlhochbau sowie das Hochspannungslaboratorium. Diese und weitere Neubauten, etwa das 1964 eingeweihte Justus-Liebig-Haus, verdrängten die Altstadt aus dem Straßenbild und damit aus dem Gedächtnis vieler Menschen. Als die TH an ihre Kapazitätsgrenzen stieß und ein weiterer Ausbau in der Innenstadt nicht möglich war, stellte die Stadt den alten Flugplatz an der Lichtwiese als Erweiterungsgelände zur Verfügung. Ab 1967 entstand so der Campus Lichtwiese, mittlerweile der größte Standort der nunmehrigen Technischen Universität.

Seit Beginn der 1950er-Jahre ermöglichte es der wirtschaftliche Aufschwung immer mehr Menschen, sich ein Fahrrad und später ein Auto anzuschaffen. Das Zeitalter des Individualverkehrs begann, das dem öffentlichen Nahverkehr das

Leben schwer machte und vermehrt Konflikte zwischen Autofahrern, Bussen und v. a. der schwerfälligen Straßenbahn heraufbeschwor. Die 1950er waren deshalb in Darmstadt wie anderswo bestimmt durch Diskussionen über die Abschaffung der Straßenbahn. Sie galt als Hindernis individueller Verkehrsströme, als Relikt vergangener Zeiten. Die Diskussion entzündete sich v. a. an der teilweise chaotischen Verkehrssituation auf dem Luisenplatz. Die HEAG sprach sich mehrfach für den Erhalt der Straßenbahn aus und hatte schließlich Erfolg. Dennoch wurden in der Folgezeit einige Linien durch Busse ersetzt. Besonders die Einstellung der Linie 6 zum Oberwaldhaus löste 1970 heftige Bürgerproteste aus, weil viele Menschen diese als die schönste ansahen. 2003 und 2011 hat man hingegen neue Linien nach Kranichstein und in Arheilgen eröffnet.

Der 1965 vom Landtag verabschiedete »Große Hessenplan« sah im Rahmen der Stadtentwicklung die Errichtung von Großsiedlungen vor, die durch Verkehrsanbindung sowie die Errichtung von Gemeinschaftseinrichtungen – Kindergärten, Schulen, Altenheimen, Sportanlagen usw. – vollständig erschlossen waren. Man hatte erkannt, dass die in den 1950ern und frühen 1960ern errichteten aufgelockerten Wohnsiedlungen den Flächenverbrauch förderten, keine urbane Struktur boten und zu einem Mangel an Baugelände führten. Davon ausgehend entwickelten die Darmstädter Planer zwei Großsiedlungen auf der grünen Wiese mit Geschosswohnungsbau v. a. in Form von Hochhäusern und dazwischen eingestreuten Eigenheimgruppen: Neu-Kranichstein und Eberstadt-Süd, die im Wesentlichen zwischen 1965 und 1980 errichtet wurden. Damit wollte die Stadtverwaltung in einem großen Wurf die Wohnungsnot beseitigen, die sich im Zuge des Wirtschaftswunders verstärkt hatte. Beide Siedlungen waren mit Einkaufszentren, kirchlichem Mittelpunkt, Kinder- und Jugendeinrichtungen, Gaststätten, Grünanlagen, Parkmöglichkeiten und Nahverkehrsanbindung ausgestattet. Dennoch entwickelten Eberstadt-Süd und Kranichstein sich zu problematischen und konfliktbelasteten Stadtteilen. Mit verschiedenen Programmen, v. a. dem vom Land Hessen geförderten Programm »Soziale Stadt«, versuchte man – zum Teil erfolgreich –, den beiden

Eberstadt-Süd III mit heimkehrenden Schulkindern. – Fotografie von 1975

Stadtteilen eine neue Struktur zu geben und das Leben dort aufzuwerten. Auch Bürgergruppen hatten und haben an der Stadtteilarbeit großen Anteil.

Mitte der 1970er-Jahre, als die Hochhäuser in Eberstadt-Süd und in Kranichstein noch wuchsen, begann in Hessen bereits wieder die Abkehr vom Hochhausbau, weil man die sozialen Auswirkungen des Lebens in den Siedlungen (Anonymität, Ghettobildung, Vandalismus) falsch eingeschätzt hatte. Die Geschosszahl wurde deshalb bei Neubauten wieder reduziert. Zugleich verlegte man den Schwerpunkt des Baugeschehens wieder in die Innenstadtquartiere und kehrte zur Blockrandbebauung zurück. Die Folge waren in den 1970ern und 1980ern der Abriss von alter Bausubstanz und die großzügige moderne Neubebauung; v. a. Bessungen und das Martinsviertel hatten darunter zu leiden. Im Martinsviertel konnte eine Bürgerinitiative den Abriss ganzer Straßenzüge für eine vierspurige Durchgangsstraße (Osttangente) verhindern. Stattdessen wurde das Viertel seit den 1970er-Jahren aufwändig saniert, ebenso wie die noch vorhandene Bausubstanz im Ortskern von Bessungen.

Weiteren Zuwachs erhielt Darmstadt durch die 1977 erfolgte Eingemeindung des nördlichen Vororts Wixhausen; allerdings wurde zugleich der erst ab 1949 als Vertriebenensiedlung entstandene Stadtteil St. Stephan an Griesheim abgegeben.

Das neue Darmstadt

Im Jahr 1980, als Darmstadt »650 Jahre Stadtrechtsverleihung« feierte, war der Wiederaufbau weitgehend abgeschlossen, 30.000 neue Wohnungen und 20.000 neue Arbeitsplätze entstanden. Den weiter zunehmenden Autoverkehr verbannte man ab 1980 durch Schaffung von Fußgängerzonen um den Luisen- und den Ludwigsplatz bei gleichzeitiger Errichtung von Parkhäusern und Tiefgaragen aus dem Stadtzentrum. 1977 bündelte man den Autoverkehr durch den neuen Cityring und den Tunnel unter der Wilhelminenstraße. Ein Jahr später war das große Einkaufszentrum des Luisencenters mit dem Neuen Rathaus an der Südseite des Luisenplatzes fertiggestellt, 1980 der Platz selbst.

Auch nach der Neugestaltung der Innenstadt kannte die Stadtentwicklung keinen Stillstand. Unmittelbar neben dem Luisencenter entstand 1994–98 das City-Centrum »Carree« mit vielen Geschäften und der 1999 eröffneten Centralstation. Wohnungsmangel und Bevölkerungszuwachs führten zur Ausweisung vieler neuer Wohngebiete z. B. in Eberstadt (Wolfhartweg), Arheilgen (Blütenviertel, Am Glockengarten), an der Rosenhöhe (Edelsteinviertel), in Kranichstein (K 6 und K 7) und westlich der Heimstättensiedlung (Ernst-Ludwig-Park). Nach der Schließung der US-Garnison 2008 begann die Stadt mit der Entwicklung eines neuen Quartiers mit Wohnungen, Kindergarten und eigener Verkehrsanbindung in der verlassenen Lincolnsiedlung. 1996–2001 entstand auf dem Gelände des alten Schlachthofs das Bürgerparkviertel für Wohnen, Gewerbe, Gemeinschaftseinrichtungen. Hier fand das Stadthaus III für die städtische Kultur- und Sozialverwaltung seinen Platz. Im Zentrum des Bürgerparkviertels steht das Hundertwasserhaus.

HINTERGRUND

DAS HUNDERTWASSERHAUS
Am 15.9.2000 wurde das von dem österreichischen Künstler Friedensreich Hundertwasser entworfene Wohnhaus im Bürgerparkviertel eingeweiht, mit dem die Bauverein AG als Bauherrin zugleich eine neue Darmstädter Sehenswürdigkeit schuf. Gut zwei Jahre hatten die Arbeiten an dem Mietshaus mit 105 Wohnungen zwischen 47 und 160 m² Größe gedauert, bei dem praktisch kein Bauteil »von der Stange« stammte. Alle Fenster, Treppen, Säulen usw. sind Maßanfertigungen. Das ansteigende, zum Teil begehbare Dach war mit Bäumen und Sträuchern bepflanzt und gab dem Haus den Namen »Waldspirale«. Der Künstler selbst konnte die Fertigstellung seines letzten Werkes nicht mehr erleben, er war am 19.2.2000 verstorben.

Vom Hautbahnhof ausgehend entwickelte sich seit Mitte der 1990er-Jahre die Weststadt mit ihren Technologieparks, Bürohäusern und Wohnsiedlungen. Hier entstand auf früherem Industriegelände ein neues Stadtviertel. Im Dezember 2000 weihte man den Querbahnsteig am Hauptbahnhof mit der Bahngalerie ein und öffnete damit den Bahnhof nach Westen. Im Juni 2003 folgte die Einweihung des vorgelagerten Europaplatzes. Es schloss sich die (preisgekrönte) Sanierung des Hauptbahnhofs durch die Deutsche Bahn an. Besondere Projekte waren die Sanierung des Jagdschlosses Kranichstein (1998) und des Zentralbads, das als Jugendstilbad 2008 neu eröffnet wurde, sowie die Neugestaltung des Gebiets nordöstlich des Schlosses: Bereits 1994 war die Ruine des Hoftheaters nach denkmalgerechtem Wiederaufbau als Archiv und Haus der Geschichte eröffnet worden. Daneben entstanden ein Kongresshotel (2007) sowie das neue Eingangs- und Besucherzentrum der TU »Karo 5« (2009). Im Dezember 2007 konnte im Winkel von Schlossgraben und Alexanderstraße das Wissenschafts- und Kongresszentrum *Darmstadtium* seiner Bestimmung übergeben werden. Damit erhielt Darmstadt nach vielen unzulänglichen Provisorien ein modernes Veranstaltungszentrum für Kongresse und große Kulturveranstaltungen. Der mutige Solitär, der sich von allen

Das Darmstadtium nach der Fertigstellung. – Aufnahme vom April 2013

anderen ihn umgebenden Gebäuden abhebt, setzt einen wichtigen städtebaulichen Akzent.

In den letzten Jahrzehnten wandelte sich auch das Erscheinungsbild der städtischen Wirtschaft. Zunehmend siedelten sich Firmen des Dienstleistungsgewerbes und Forschungseinrichtungen an und verdrängten das produzierende Gewerbe. Die ältesten Forschungsinstitutionen neben der TU waren das Posttechnische und das Fernmeldetechnische Zentralamt, die beide 1949 nach Darmstadt zogen und die Keimzelle der heutigen Standorte der Deutschen Post und der Telekom bilden. 1966 kam das Forschungsinstitut für Zeitungsdruck »INCA« nach Darmstadt, drei Jahre später wurde die Software AG gegründet. Es folgten die Europäischen Behörden für Weltraumforschung ESOC (1967, Vorgängerbüro schon 1964) und die Organisation für Wettersatelliten EUMETSAT (1986). Mit der Eingemeindung Wixhausens gehörte auch die 1973 dort gegründete Gesellschaft für Schwerionenforschung zu Darmstadt. Dort wurde 1994 erstmals das künstlich erzeugte und sehr flüchtige Element 110 entdeckt, das auf Vorschlag der Gesellschaft auf den Namen »Darmstadtium« getauft wurde.

Die Mathildenhöhe mit Hochzeitsturm, Ausstellungsgebäude, Russischer Kapelle und Lilienbecken.

Mehrere Fraunhofer-Institute siedelten sich seit den 1970er-Jahren an; 1972 zog das Hessische Institut für Wohnen und Umwelt hierher. Die enge Verbindung von Wirtschaft und Wissenschaft fand ihren Ausdruck in der Verleihung des Titels »Wissenschaftsstadt« im August 1997.

2019 ist Darmstadt Wissenschafts- und Technologiestandort mit mehr als 30 Forschungseinrichtungen. Die Wirtschaft ist geprägt von Bereichen der Hochtechnologie: Telekommunikation und Informationstechnologie sind hier ebenso beheimatet wie Weltraum- und Satellitentechnik sowie Software-Industrie. Mit den Betrieben der neuen Technologie hat sich die Stadt eine Basis geschaffen, um auch künftig ihrer Bedeutung als Oberzentrum einer Region gerecht zu werden.

Anhang

Literatur

Die umfassendsten Informationen zu allen Gebieten der Darmstädter Geschichte bietet das Stadtlexikon Darmstadt, das 2006 erstmals in gedruckter Form erschien und seit Februar 2016 in einer vollständig überarbeiteten und laufend gepflegten Online-Datenbank unter www.Darmstadt-stadtlexikon.de zugänglich ist. Das folgende Literaturverzeichnis beschränkt sich deshalb auf die allerwichtigste, v. a. die in den letzten Jahren erschienene Literatur sowie auf die für dieses Buch häufiger benutzten Publikationen.

Wilhelm ANDRES: Alt-Arheilgen. Geschichte eines Dorfes, Darmstadt 1978 (Darmstädter Schriften 41).
DERS./Hermann STUMME: Kranichstein. Geschichte eines Stadtteils, Darmstadt 1993.
Architektur der fünfziger Jahre. Die Darmstädter Meisterbauten. Katalog, hrsg. von Michael Bender und Roland May, Stuttgart 1998.
Georg BLASS: Das Stadtbild von Darmstadt in seiner Entwicklung, Mainz 1927.
Darmstadt in der Stunde Null. Eine Ausstellung des Stadtarchivs Darmstadt aus Anlass des 50. Gedenktages der Brandnacht am 11./12.9.1944; Konzeption Peter Engels, Darmstadt 1994.
Darmstadt in der Zeit des Barock und Rokoko. Katalog zur Ausstellung auf der Mathildenhöhe Darmstadt (06.09.–09.11.1980), 2 Bde. Darmstadt 1980.
Darmstadt in der Zeit des Klassizismus und der Romantik. Katalog zur Ausstellung auf der Mathildenhöhe Darmstadt (19.11.1978–14.1.1979), bearb. von Bernd Krimmel und Eckhart G. Franz, Darmstadt 1978.
Darmstadts Geschichte. Fürstenresidenz und Bürgerstadt im Wandel der Jahrhunderte, von Friedrich Battenberg, Jürgen Rainer Wolf, Eckhart G. Franz und Fritz Deppert, 2. Aufl. Darmstadt 1984.
Karl E. DEMANDT: Rheinfels und andere Katzenelnbogener Burgen als Residenzen, Verwaltungszentren und Festungen 1350–1650 (Arbeiten der Hessischen Historischen Kommission Darmstadt Neue Folge Band 5), Darmstadt 1990.
Fritz DEPPERT/Christian HÄUSSLER: Die Darmstädter Altstadt. Originale – Genies – Lausbuben, Darmstadt 1992.
Thomas DEUSTER: Gewässer in und um Darmstadt, Darmstadt 2008.
Werner DURTH/Niels GUTSCHOW: Träume in Trümmern. Planungen zum Wiederaufbau zerstörter Städte im Westen Deutschlands 1940–1950, Bd. 2, Braunschweig 1988, S. 383–41.
Ulrich EISENBACH (Hrsg.): Von den Anfängen der Industrialisierung zur Engineering Region – 150 Jahre IHK Darmstadt Rhein Main Neckar, Darmstadt 2012.
Peter ENGELS: Geschichte Bessungens, Darmstadt 2002 (Darmstädter Schriften 83). – DERS.: Darmstadts Zerstörung aus der Luft; Kurzportraits der Darmstädter Widerstandskämpfer, in: Fritz Deppert, Peter Engels: Feuersturm und Widerstand. Darmstadt 1944, Darmstadt 2004, S. 57–88, 89–96. – DERS.: Abriss der Darmstädter Verwaltungsgeschichte, in: Roland Dotzert: Die Darmstädter Kommunalpolitik seit 1945 (Darmstädter Schriften 91), Darmstadt 2007, S. 9–37. – DERS.: 200 Jahre Sparkasse Darmstadt. Chronik 2008, hrsg. von der Sparkasse Darmstadt, Darmstadt 2008. – DERS.: Die Darmstädter und ihr Theater, in: Staatstheater Darmstadt. 300 Jahre Theatertradition, Darmstadt 2011, S. 24–

45. – Ders.: 100 Jahre HEAG. Chronik 1912–2012. Hrsg. von der HEAG Holding AG, Darmstadt 2012. – Ders.: Die Geschichte der Darmstädter Verkehrs- und Tourismuswerbung 1863–1913. Hrsg. von der Wissenschaftsstadt Darmstadt Marketing GmbH, Darmstadt 2013. – Ders.: 1864–2014. 150 Jahre Bauen für Darmstadt (Geschichte des Bauvereins für Arbeiterwohnungen), hrsg. von der bauverein AG, Darmstadt 2014. – Ders.: Die Residenzstadt Darmstadt im Ersten Weltkrieg, in: Residenz – Festung – Kurstadt 1914–1918. Darmstadt, Mainz und Wiesbaden im Ersten Weltkrieg. Katalog zur Ausstellung der Stadtarchive Darmstadt, Mainz und Wiesbaden zum 100. Jahrestag des Beginns des Ersten Weltkriegs, Darmstadt 2014, S. 8–37. – Ders.: 425 Jahre Martinsviertel – Eine kurze Geschichte, in: 425 Jahre Martinsviertel. Hrsg. vom Bezirksverein Martinsviertel, Darmstadt 2015, S. 8–37. – Ders.: Ludwig IV. (1560–1567), Georg I. (1567–1596) und der Ausbau Darmstadts zur ständigen Residenz, in: Zeitschrift des Vereins für hessische Landesgeschichte, Bd. 123, 2018, S. 73–88. – Ders.: Die städtebauliche Entwicklung Darmstadts im 18. und 19. Jahrhundert, in: Das alte Darmstadt. Gouachen des Hofmalers E. A. Schnittspahn. Katalog zur Ausstellung des Schlossmuseums Darmstadt (7.9.–2.12.2018), hrsg. vom Schlossmuseum Darmstadt 2018, S. 23–35. – Ders.: Die Einführung der Reformation in Darmstadt, in: Kunst in Hessen und am Mittelrhein, NF 11, 2018, S. 137–152. – Ders./Friedrich Wilhelm Kniess: Eberstadt – Vom fränkischen Dorf zum Darmstädter Stadtteil, in: Wissenschaftsstadt Darmstadt (Hrsg.): Festschrift 1225 Jahre Eberstadt 782–2007, Darmstadt 2007, S. 9–37.

Epochenschwelle in der Wissenschaft. Beiträge zu 140 Jahren TH/TU Darmstadt (1877–2017), Darmstadt 2017.

Karl Esselborn: Darmstädter Gärten geschichtlich betrachtet, Darmstadt 1935.

Eckhart G. Franz (Hrsg.): Haus Hessen. Biografisches Lexikon, Darmstadt 2012 (Arbeiten der Hessischen Kommission Neue Folge Band 34). – Ders.: Juden als Darmstädter Bürger. Überarbeitete und erweiterte Neuauflage hrsg. von Thomas Lange, Friedrich Battenberg und Peter Engels, Wiesbaden 2019.

Eckhart G. Franz/Fritz Kallenberg/Peter Fleck (Bearb.): Großherzogtum und Volksstaat Hessen 1806–1945, Marburg 2003 (Handbuch der hessischen Geschichte, Bd. 4,2).

Elke Gerberding: Kultureller Wiederaufbau. Darmstädter Kulturpolitik in der Nachkriegszeit 1945–1949, Darmstadt 1996 (Darmstädter Schriften 69).

Georg Haupt: Die Bau- und Kunstdenkmäler der Stadt Darmstadt, 2 Bände Darmstadt 1952–1954.

Horst-Volker Henschel/Stefan Kempe: Darmstadts »Unterwelt«. Mit einem Beitrag zur Stadtgeschichte von Peter Engels, Darmstadt 2007, 2. Aufl. Darmstadt 2009.

Rainer von Hessen: Die Hessens. Geschichte einer europäischen Familie, Petersberg 2016.

Hessen im Rheinbund. Die napoleonischen Jahre 1806–1813. Beiheft zur Ausstellung des Hessischen Staatsarchivs Darmstadt, Darmstadt 2006 (Ausstellungskataloge des Hessischen Staatsarchivs Darmstadt 22).

Eva Huber/Hans Günter Sperlich: Georg Moller 1784–1852. Großherzoglich Hessischer Hof- und Oberbaudirektor, in: Darmstadt in der Zeit des Klassizismus und der Romantik, Katalog zur Ausstellung auf der Mathildenhöhe, Darmstadt 1978, S. 71–219.

Christiane Keim: Städtebau in der Krise des Absolutismus. Die Stadtplanungsprogramme der hessischen Residenzstädte Kassel, Darmstadt und Wiesbaden zwischen 1760 und 1840, Marburg 1990.

Hans-Peter Lachmann: Die Höfe der Katzenelnbogener in der Obergrafschaft. Ein Beitrag zur Agrar- und Wirtschaftsgeschichte des beginnenden 15. Jahrhunderts, in: Archiv für hessische Geschichte und Altertumskunde Neue Folge 32, 1974, S. 161–191.

Thomas LANGE/Jürgen Rainer WOLF: Der Briefwechsel der Landgrafen Georg I. und Wilhelm IV. von Hessen von 1582 über die Frage der Hexenverfolgung. Einleitung und Edition, in: AHG NF 52, 1994, S. 139–198.

Mathildenhöhe Darmstadt. 100 Jahre Planen und Bauen für die Stadtkrone. Konzept und Redaktion: Christiane Geelhaar und Jochen Rahe, 3 Bde. Darmstadt 1999–2004.

Adolf MÜLLER: Aus Darmstadts Vergangenheit, Darmstadt 1930, 2. Aufl. Darmstadt 1939.

Winfried NOACK: Landgraf Georg I. von Hessen und die Obergrafschaft Katzenelnbogen (1567–1596), Darmstadt 1966.

Fabian ORTKAMP: Aufbauplanung in Darmstadt 1944–1949. Konzepte für einen baulichen und wirtschaftlichen Neuanfang, Darmstadt 2017 (Beiträge zur hessischen Wirtschaftsgeschichte Bd. 11).

Heinrich PINGEL-ROLLMANN: Widerstand und Verfolgung in Darmstadt und der Provinz Starkenburg 1933–1945, Darmstadt und Marburg 1985 (Quellen und Forschungen zur Hessischen Geschichte 54).

Monika RICHTER: Großherzog Ludewig I. von Hessen. Politik im Zeitalter Napoleons, Darmstadt 2016 (Darmstädter Schriften 104).

Hans-Eberhard RUHL: Darmstadt-Wixhausen. Eckdaten und Grundzüge seiner Geschichte, Darmstadt 1995.

Cordelia SCHARPF: Luise Büchner. Eine evolutionäre Frauenrechtlerin des 19. Jahrhunderts, Bern 2013.

Agnes SCHMIDT (Hrsg.): Die Alice-Vereine im Großherzogtum Hessen-Darmstadt (1867–1918). Festschrift anlässlich der Gründung der Alice-Vereine in Darmstadt vor 150 Jahren (1867), Darmstadt 2017. – DIES./Elke HAUSBERG (Hrsg.): Stadtrundgänge: Darmstadt aus Frauensicht; Bd. 1: Von der Marktfrau zur Studentin, Darmstadt 2006; Bd. 2: Kinder, Küche, Kunst. Frauen auf der Mathildenhöhe, Darmstadt 2007.

Stolpersteine in Darmstadt. Hrsg. von Jutta Reuss und Dorothea Hoppe, Darmstadt 2013.

Technische Bildung in Darmstadt. Die Entwicklung der Technischen Hochschule 1836–1986, hrsg. von der Technischen Hochschule Darmstadt, 6 Bde. Darmstadt 1995–2000.

Axel ULRICH: Carlo Mierendorff kontra Hitler. Ein enger Mitstreiter Wilhelm Leuschners im Widerstand gegen das NS-Regime, Wiesbaden 2018.

Axel ULRICH: Politischer Widerstand gegen das »Dritte Reich« im Rhein-Main-Gebiet, Wiesbaden 2005.

Ekkehard WIEST: Stationen einer Residenzgesellschaft. Darmstadts soziale Entwicklung vom Wiener Kongreß bis zum Zweiten Weltkrieg (1815–1939), Darmstadt 1980.

Georg ZIMMERMANN: Darmstadt. Zerstörung und Wiederaufbau der historischen Mitte, Darmstadt 1985.

Uta ZYBELL/Verena KÜMMEL (Hrsg.): 100 Jahre Studium von Frauen an der TH Darmstadt. Dokumentation zur Ausstellung, Darmstadt 2008.

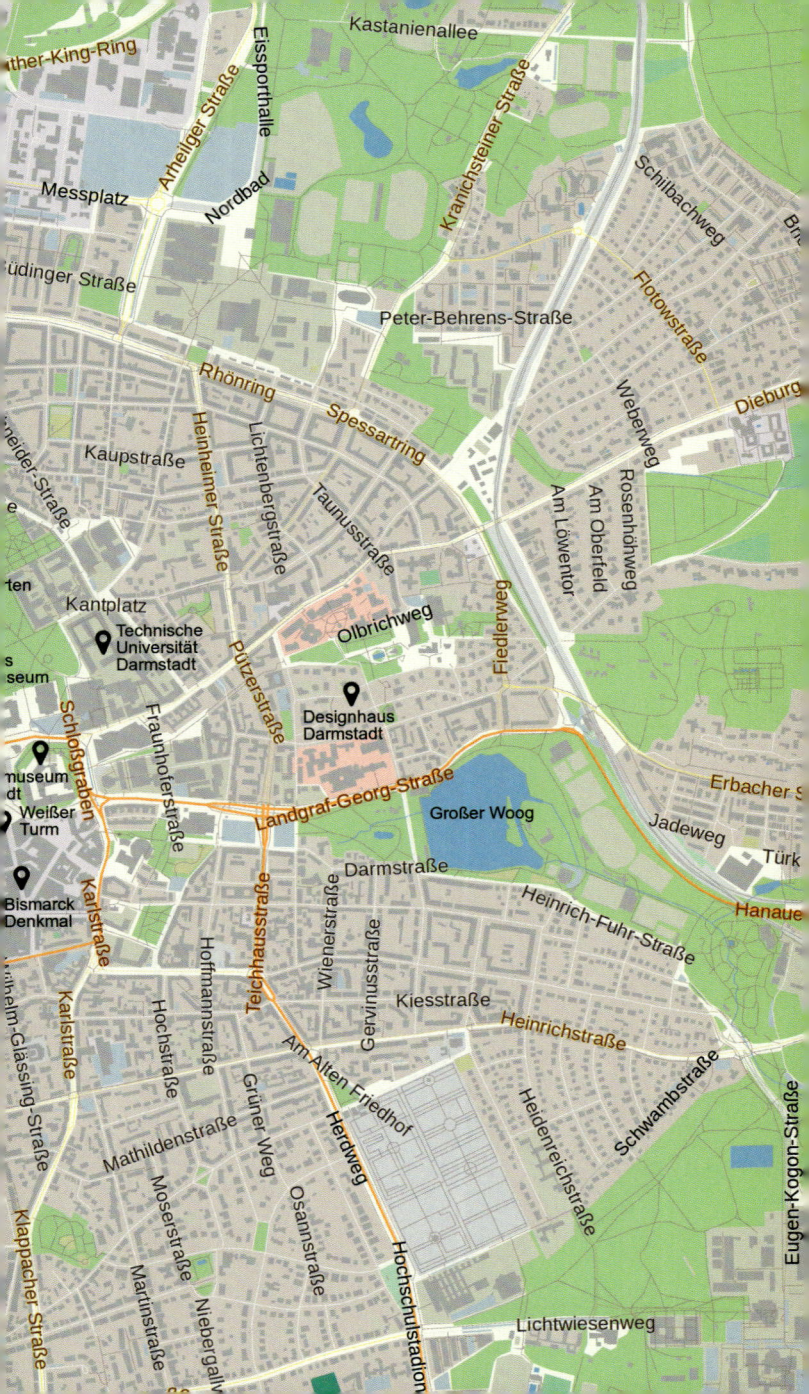

Register

Adelung, Bernhard (1876–1943), Präsident des Volksstaates Hessen (1928–33) 134
Akademie für Tonkunst 131, 146
Akaziengarten 93
Alamannen 13f., 17
Alexanderstraße 48, 64f., 69,74, 80, 111, 152
Alice, Großherzogin von Hessen (1843–78) 100–102
Alte Darmstädter Straße 81
Alte Vorstadt s. Martinsviertel
Alter Friedhof 97f.
Alter, Möbelfabrik 106, 117, 121
Altes Palais 89
Altstadt 78, 88f., 94, 110–112, 125, 139, 141, 147f.
Am Glockengarten 151
Amerikahaus 145
Annastraße 107
Arbeiter- und Soldatenrat 122
Arheilgen 16–19, 21, 29, 33, 38, 41f., 48f., 53, 55–57, 61, 64, 68, 72f., 76, 82, 86, 103f., 111, 126, 128, 137f., 147, 149, 151
Auerbacher Schloss 22, 26, 43
Auswanderung 74, 98f., 138
Autobahn 128f., 137

Backhausteich 53
Bahnhöfe 104, 107, 117, 119f., 122, 126, 128, 137, 139, 152
Bank für Handel und Industrie 105
Bauverein für Arbeiterwohnungen 107, 126, 152
Bergbau, Bergwerke 63
Bergstraße 12f., 18, 24f., 29, 57, 66, 81, 86, 142
Berliner Allee 147
Bessungen 9f., 12f., 15–22, 26f., 31, 33–38, 40–42, 46, 49–51, 53, 56–58, 61, 63f., 66, 68–70, 72–74, 79, 81, 84, 86, 89, 93, 99, 107, 109–111, 125, 134, 137, 150
Bessunger Forsthaus 9f., 13
Bessunger Kirche 16f.
Bessunger Straße 108, 147
Birngarten 74, 80, 88
Bismarckstraße 89, 107, 136

Bleichstraße 107, 138
Blumenstraße 108
Blütenviertel 151
Böllenfalltor-Stadion 132
Brandnacht 141f.
Brauertunnel 65
Briegel, Wolfgang Carl (1626–1712), Hofkapellmeister 74
Bronzezeit 9–11
Buchenlandsiedlung 147
Büchner, Alexander (1827–1904), Schriftsteller 111
Büchner, Georg (1813–37), Schriftsteller, Revolutionär 97f., 100, 130
Büchner, Louise (1821–77), Frauenrechtlerin, Schriftstellerin 100f.
Büchner, Wilhelm (1816–92), Fabrikant 108
Bürgermeister 32, 40, 43, 46, 77, 88, 94, 99, 114, 135
Bürgerparkviertel 151f.
Burgmannen 22–25, 29
Burgmannenhöfe 29
Buxbaum, August (1876–1960), Stadtbaurat 117

Centralstation 103, 151
Chausseehaus 81
Christianisierung, Christentum 15, 40–42
Cityring 151

Dachstube, Zeitschrift 130
Darimund, Ortsgründer Darmstadts 17f.
Darmbach, Stadtbach 18, 25, 28, 50, 68, 76f., 99
Darmstadtium (Element 110) 153
Darmstadtium, Kongresszentrum 28, 152f.
Darmstädter Gespräche 145
Darmstädter Kunstjahr (1914) 118
Darmstädter und Nationalbank 105, 133
Datterich 114
De la Fosse, Louis Remy (ca. 1659–1726), Hofarchitekt 69–71
Delp, Alfred (1907–45), Jesuitenpater, Widerstandskämpfer 140
Denkzeichen Güterbahnhof 139
Dianaburg 72
Dieburg 12f., 57, 65

160

Dieburger Straße 41, 47, 65
Dilich, Wilhelm (1571–1650), Zeichner, Chronist 27
Donausiedlung 147
Donges, Eisenbaufabrik 128
Dornheimer Weg 125
Dreißigjähriger Krieg 51f., 55f.
du Thil, Carl Wilhelm Freiherr du Bos, Staatsminister (1829–48) 96, 99, 114

Eberbach, Zisterzienserkloster 20–22, 24f., 29, 48
Eberstadt 12f., 17f., 41, 49, 53, 58, 60f., 64, 81, 86, 103, 111, 133, 137f., 141, 147, 151
Eberstadt-Süd 149f.
Edelsteinviertel 151
Edschmidt, Kasimir (1890–1966), Schriftsteller 130
Eingemeindung 109, 111, 137, 151, 153
Eisenbahnwerkstätten 106, 111, 126, 128
Eisenzeit 10f.
Elektrizitätswerk 103f., 106, 111, 126, 144
Elisabeth Dorothea, Regentin von Hessen-Darmstadt (1678–88) 55, 64, 68
Erbacher Straße 11
Ernst Ludwig, Landgraf von Hessen-Darmstadt (1688–1739) 63f., 68–75, 77
Ernst Ludwig, Großherzog von Hessen (1892–1918) 115, 120, 123f.
Ernst-Ludwig-Park 151
Ernst-Ludwig-Straße 89f.
Erster Weltkrieg 107f., 114, 117f., 121, 123, 125, 129f., 133
Eschollbrücker Straße 93, 108
ESOC 7, 153
EUMETSAT 7, 153
Euler, August (1868–1957), Flugpionier 115
Europaplatz 152
Exerzierhaus 80
Exerzierplatz 108, 119f., 143, 147

Fachhochschule 147
Feldbergstraße 107
Feldflur, Feldgemarkung 47
Flughafen Lichtwiese 129
Forschungsinstitut für Zeitungsdruck (INCA) 153

Franken, Frankenreich 14f., 17
Frankenstein, Burg 24
Frankenstein, Herren von 22, 24, 26, 41
Frankfurt 13, 18f., 24, 36, 43, 55, 61, 67, 73, 78, 82, 85, 103, 114, 128f.
Frankfurter Straße 47, 82, 104, 107
Frankreich, Franzosen 62, 65f., 72, 85–88, 120
Französische Revolution 85, 87f.
Frauenbewegung 100f.
Freimaurerloge 91, 136
Friedensplatz 54, 72, 108
Friedhöfe 15, 19, 41, 68, 97f., 109, 118, 120, 126, 142
Friedrich der Große, Preußischer König (1740–86) 82f.
Friedrichstraße 138
Fröba, Georg (1896–1944), kommunist. Widerstandskämpfer 136, 140

Gardistenstraße 81
Gasversorgung 104, 127, 144
Gaswerk 104, 106, 111
Gefängnis 69, 76, 98
Gehaborner Hof 12f., 20f., 48, 126
Gehaborner Weg 21
Georg I., Landgraf von Hessen-Darmstadt (1567–96) 44f., 47–55
Georg II., Landgraf von Hessen-Darmstadt (1626–61) 59–61, 63
Georg-Büchner-Preis 145
Gerichtswesen, Gerichtsbarkeit 19f., 22, 25, 29, 32, 34f., 46, 49f., 62, 67, 93, 99, 136
Gernsheim 12f., 66
Gervinusstraße 109
Gesellschaft für Schwerionenforschung 7, 153
Gewerbeordnungen 32, 43
Gewerbeverein 105
Gießen 56, 60, 66, 87, 90, 97
Glässing, Wilhelm (1865–1929), Oberbürgermeister 118, 125
Glasberg 63
Glockenbau des Schlosses 63, 82
Glockenspiel 63, 70
Glockenbecherkultur 9
Goebel, Maschinenfabrik 121, 128
Goethe, Johann Wolfgang (1749–1832) 84
Goethefelsen 84

161

Goethehäuschen 83f.
Gräfenhausen 9, 14, 21, 30, 125
Gräfenhäuser Straße 125
Grafenstraße 88, 95, 98, 107, 146
Graupner, Christoph (1683–1760), Hofkapellmeister 74f.
Griesheim bei Darmstadt 9, 15f., 21, 38, 61, 103f., 118, 122, 126, 137, 141, 151
Griesheimer Haus 72
Griesheimer Sand 115, 119
Große Arheilger Straße 55
Großer Woog 48, 108, 122, 132, 137
Groß-Gerau 11–15, 19, 22, 33, 57, 141
Groß-Umstadt 14, 39, 65
Grüner Weg 109
Gundernhausen 13

Hallenbad 117, 152
Hallstattzeit 10f., 13
Handelskammer s. Industrie- und Handelskammer
Handwerk, Handwerker 25, 34, 43, 47f., 74, 77f., 94f., 101, 104, 114, 116, 133
Harnack, Arvid (1901–42), Widerstandskämpfer 139
Hartung, Gustav, Intendant des Landestheaters (1920–24 und 1931–33) 130
Haubach, Theo (1896–1945), Politiker, Widerstandskämpfer 130, 140
Hauptbahnhof 104, 117, 119f., 126, 152
Haus der Geschichte 7, 152
HEAG (Hessische Eisenbahn AG) 104, 121, 127f., 149
Heidelberger Straße 15, 89, 107f., 143
Heilig-Kreuzkapelle, Dieburger Straße 40
Heimstättensiedlung 125, 133, 137, 151
Heinerfest 146
Heinheimer Straße 96
Heinrich II., Deutscher Kaiser (1002–24) 19
Heinrich-Delp-Straße 81
Heinrich-Fuhr.Straße 132
Heinrichstraße 107
Herder, Johann Gottfried (1744–1803), Theologe 84
Hermannstraße 146
Herrngarten 47f., 67, 80, 82, 115, 140
Hessisches Landesmuseum 9, 11, 16, 81, 90, 115, 121, 131, 137, 141

Hessische Spielgemeinschaft 114
Hexenverbrennung 52
Hinkelsturm 23, 28
Historischer Verein 91, 114
Hochstraße 109
Hoetger, Bernhard (1874–1949), Bildhauer 130
Hofbibliothek 71, 90
Hoffmannstraße 109
Hofkapelle 54, 74f., 113
Hoftheater s. Theater
Hölgesstraße 50
Holzhofallee 108
Hospital 13, 42, 55
Hügelstraße 50
Hundertwasserhaus 151f.

Industrialisierung 101, 106f., 111, 118
Industrie 51, 101, 103–116, 118, 121, 128, 137, 141f., 146f., 154
Industriegebiet 104, 107f., 118, 152
Industrie- und Handelskammer 105
Inflation 123, 127f.
Insel, Platz in der Altstadt 112

Jagd 17, 22, 48, 54, 72–74, 78, 82, 119, 131
Jagdschloss Kranichstein 10, 48, 54, 72–74, 78, 82, 119, 131, 152
Jeffersonsiedlung 143
Johannesviertel 107, 111, 141
Juden 68, 94, 101, 134, 138f.
Judenteich 53
Jüdische Gemeinde 67f., 138f.
Jugendstilbad s. Hallenbad
Julius-Reiber-Straße 141
Justus-Liebig-Haus 148

Kapellplatz 41, 109
Karl V., Deutscher Kaiser (1519–59) 42
Karl VI., Deutscher Kaiser (1711–40) 74
Karlstraße 81
Karoline, Große Landgräfin (1721–74) 73, 82, 84
Karoline, Landgräfin von Hessen-Homburg (1746–1821) 73
Kasernen 15, 80, 87, 92, 96, 99, 101, 108, 111, 119–126, 140, 147
Kasinostraße 107
Kastanienallee 81

Katzenelnbogen, Grafschaft, Obergrafschaft 22, 25, 27, 31, 33f., 36–38, 41, 45, 47, 49f., 57f., 62, 69, 86
Katzenelnbogen, Grafen von 22, 24f., 27f., 30f., 34, 36
Kelten 11, 13
Kiesstraße 109
Kindergarten 96, 146, 149, 151
Kirchstraße 29
Kirchweih, Kerb 76
Klappach, Weiler südlich Bessungens 19, 26, 31
Klappacher Straße 26
Kleiner Woog (heute Woogsplatz) 29, 76, 114
Klopstock, Friedrich (1724–1803), Dichter 83f.
Koberstadt 10
Königshöfe 19, 22, 33, 69
Kollegiengebäude 15, 79, 89
Komponistenviertel 110
Kranichstein 10, 24, 72, 137, 149–151
Kranichsteiner Straße 141
Kranichsteiner Volksversammlung 99
Kreis der Empfindsamen 82–84
Kriegerdenkmäler 124
Künstlerkolonie 106, 116, 118, 129
Kunsthalle 137
Kunstverein 91, 113

Landestheater s. Theater
Landgraf-Georg-Straße 108, 112, 147
Landtag 89, 93, 96, 99, 122f., 130, 133f., 149
Landskronstraße 110
Landwehrstraße 105
Landwirtschaft 12, 29, 34, 69, 141
Langer Ludwig 90
Letze 33
Leuschner, Wilhelm (1890–1944), Innenminister, Widerstandskämpfer 130
Liebfrauenstraße 141
Liebig, Justus von (1803–73), Chemiker 90, 136, 139
Lichtenberg, Burg 22
Limes 12, 14
Lincoln-Village 143, 151
Lindenhofstraße 108
Lossenweg 26

Ludewig I. Großherzog von Hessen (1790–1830; bis 1806 Landgraf) 85–88, 90, 92f., 96, 113, 115
Ludwig der Bayer, Deutscher Kaiser (1314–47) 17, 27f.
Ludwig II., Großherzog von Hessen (1830–48) 89, 93, 96, 99, 114
Ludwig III., Großherzog von Hessen (1848–77) 99, 115
Ludwig IV., Großherzog von Hessen (1877–92) 103
Ludwig IV., Landgraf von Hessen-Marburg (1567–1604; 1560–67 Statthalter in Darmstadt) 42f., 45, 47, 59
Ludwig V., Landgraf von Hessen-Darmstadt (1596–1626) 54, 55f., 60
Ludwig VI., Landgraf von Hessen-Darmstadt (1661–78) 55, 64, 74
Ludwig VIII., Landgraf von Hessen-Darmstadt (1739–68) 71–75
Ludwig IX., Landgraf von Hessen-Darmstadt (1768–90) 72, 78–82
Ludwig X. s. Ludewig I.
Ludwig-Metzger-Platz 112
Ludwigsbahn 103
Ludwigshöhe 143
Ludwigshöhstraße 81
Ludwigskirche 89, 92
Ludewigsmonument s. Langer Ludwig
Ludwigsplatz 89, 138, 151
Ludwigstraße 89
Luftangriffe 7, 122, 139–142
Luisencenter 80, 151
Luisenplatz 15, 67, 79, 88f., 108f., 120, 134, 142, 149, 151
Luisenstraße 67, 81, 83f.
Luther, Martin (1483–1546), Reformator 40f.

Magdalenenstraße 48, 55, 69
Main-Neckar-Bahn 103
Mansfeldischer Einfall (1622) 56–58
Marburg 60f.
Marienhospital 13
Marienkirche 30, 40
Marienplatz 123, 134, 140
Marktbrunnen 76
Marktplatz 11, 25f., 29, 31–33, 44, 46, 63, 66, 70f., 78, 82, 89, 138
Markt, Märkte 27–29, 38, 44, 47f., 55, 76

163

Martinskapelle auf dem Herrgottsberg 41
Martinskirche 121
Martinsviertel, Alte Vorstadt 65, 94, 111, 128, 141, 150
Mathildenhöhe 110, 116–118, 129, 137, 154
Mathildenplatz 67, 81f., 89, 108, 140
Mauerstraße 96
Maulbeerallee 53
Meidner, Ludwig (1884–1966), Maler 130
Meisterbauten 145
Merck, Chemische Fabrik 101, 106, 121, 127f., 133
Merck, Heinrich Emanuel (1794–1855), Firmengründer 101
Merck, Johann Heinrich (1740–91), Kriegsrat 83f.
Mercksplatz 101, 108, 135
Messel 10
Messel, Alfred (1853–1909), Architekt 115
Messeler Weg 24
Metzger, Ludwig (1902–93), Oberbürgermeister 143f.
Meyerbeer, Giacomo (1791–1864), Komponist 113
Mierendorff, Carlo (1897–1943), Politiker, Widerstandskämpfer 130, 136, 139f.
Militär s. Kasernen
Militärmusik 113
Militärregierung 143f.
Mittelrheinische Musikfeste 113
Modau 9, 16
Möbelindustrie 106f., 116f., 121, 128, 138
Molkenbrunnenbach 65
Moller, Georg (1784–1852), Hofbaumeister 87–91, 93, 114
Mollerstadt 94, 107f., 111
Mornewegstraße 107
Moser, Friedrich Carl von (1723–98), Regierungspräsident 79f.
Mueller, Rudolf (1869–1954), Oberbürgermeister 135
Mühlstraße 108f.
Mühltalstraße 133
Musikverein 91, 113
Müller, Johann Helfrich von (1746–1830), Hofbaumeister 88

Napoleon Bonaparte (1769–1821), Feldherr, Kaiser 86f.
Nationalsozialisten 118, 129, 133–139, 144, 146
Neckarstraße 88, 91, 108, 147
Neue Vorstadt 65–67, 69, 78, 88
Neues Palais 103, 122
Niebergall, Ernst Elias (1815–43), Schriftsteller 114
Nieder-Ramstadt 9, 13, 19, 26, 68
Nieder-Ramstädter Straße 141
NSDAP 134f., 144

Obere Rheinstraße 67
Oberfeld 47
Ober-Ramstadt 13, 22, 68
Ober-Ramstädter Straße 10, 13
Odenwald 12–14, 22, 45, 66, 86, 92f., 98f., 142
Odenwaldbahn 111, 125
Olbrich, Joseph Maria (1867–1908), Architekt 116f.
Orangerie, Orangeriegarten 69f., 73, 82, 116, 119, 145
Osthofen, Konzentrationslager 136

Pädagog 24, 54f., 59f., 113
Pädagogstraße 98
Palaisgarten 89
Pallaswiese, Stadtgut 121, 126
Pallaswiesenstraße 14, 125
Pankratiusstraße 141
Pankratiusvorstadt 78, 81, 94
Parforcejagd s. Jagd
Paradeplatz s. Friedensplatz
Patershausen, Zisterzienserinnenkloster bei Heusenstamm 29
Pauluskirche 117
Paulusviertel 110, 125
Pest 52, 55, 61f.
Pfälzer Erbfolgekrieg 65, 68
Philipp der Ältere, Graf von Katzenelnbogen (1444–79) 30, 36
Philipp der Großmütige, Landgraf von Hessen (1518–67) 37–40, 42–45
Pirmasens 80
Pfarrkirche s. Stadtkirche
Pfungstadt 9, 17, 38, 49, 93, 108, 141
Prinz-Emil-Garten 80
Promenadenstraße 107
Pützer, Friedrich (1871–1922), Architekt 110, 117

Rat 32f., 40, 43, 45–47, 50, 55, 61f.,
 75, 77, 79, 88, 94, 135
Rathaus 29, 32, 44, 46, 50, 54f., 58,
 61, 76, 135, 146, 151
Realschule 90, 98, 106
Reformation 40–42
Reichsdeputationshauptschluss (1803)
 85
Reihengräberfriedhöfe 15f., 19
Rensdorf, Johann von, Hessischer Amtmann in Darmstadt im 16. Jh. 43
Residenz, Residenzstadt 7, 17, 19, 22,
 27, 30f., 33, 36, 39, 42–45, 47f.,
 50–52, 61, 69, 71, 73, 78, 80, 85,
 87–91, 93, 98, 103, 110, 113, 118,
 123, 131
Revolution 1830 96f.
Revolution 1848 99
Rheinhessen 87, 139
Rheinstraße 67, 88, 91, 108, 119, 147
Ried 12, 86, 126
Riedeselberg 91, 107
Riedeselstraße 89, 107, 122
Rinck, Christian Heinrich (1770–1846),
 Orgelvirtuose, Komponist 113
Ritter von Darmstadt 21, 23f., 26
Rodingh, Pieter, Hofmaler in Darmstadt
 (1674–79) 64f.
Roeder, Herdfabrik 105f., 121, 128
Röhm & Haas, Chemische Fabrik 106,
 121, 127f., 133
Römer 9, 11–14, 19, 70, 92
Rosenhöhe 11. 151
Roßdorf 13, 68
Roßdörfer Straße 109, 147
Rösslerstraße 107
Rüsselsheim 45, 57, 66
Runder Turm 70
Rundeturmstraße 76
Ruthsenbach 11, 65

Saalbau 114, 119, 131
Sabais, Heinz Winfried (1922–81),
 Oberbürgermeister 18
Schenck, Maschinenfabrik 105f., 121,
 128, 133
Schepp Allee 72, 93
Schiebelhuth, Hans (1895–1944), Dichter 130
Schiebelhuthweg 148
Schillerplatz 112
Schlachthof 70, 151

Schleiermacher, Ernst Christian (1755–
 1844), Kabinettssekretär 90
Schloss 7, 17, 24f., 27–31, 36f., 39,
 42–44, 47f., 54, 57–60, 63, 65–67,
 69–71, 73, 81f., 88f., 91, 118, 125,
 128, 152
Schlossgraben 64, 152
Schlossmuseum 67, 131
Schmalkaldischer Krieg 42
Schöffengericht 25, 29, 32, 34, 36, 50
Schöfferstraße 147
Schuchardstraße 84, 103
Schulstraße 89
Schützen, Schützenwesen 49f., 76
Schützenstraße 50
Schule, Schulwesen 24, 32, 41, 48f.,
 54f., 60, 90f., 95f., 98, 100f., 104,
 106, 113, 130, 132, 135, 138, 142,
 146f., 149
Schulkinderspeisung 120, 145
Schultheiß, höchster Darmstädter
 Beamter im Mittelalter 29, 32, 34,
 46, 93
Schwamb, Ludwig (1890–1945), Staatsrat, Widerstandskämpfer 139
Sickingen, Franz von, Reichsritter
 (1481–1523) 38f.
Siebold, Regina Josepha von (1771–
 1849) 100
Siebold, Charlotte Heidenreich von
 (1788–1859) 100
Sinti und Roma 139
Soderstraße 109
Spanischer Erbfolgekrieg 63, 66
Sparkasse 95, 133
Sport 132, 136, 149
Sprenger, Jakob (1884–1945), Gauleiter, Reichsstatthalter 134, 137
St. Stephan 147, 151
Stadtkirche 16f., 19, 25–27, 30, 32, 39–
 41, 49f., 59–61, 142
Stadtkrankenhaus 107, 119, 146
Stadtmauer 24–30, 33, 38, 41, 48, 50,
 61–68, 70, 78, 108, 148
Stadtmuseum 131
Stadtrat s. Rat
Stadtrechtsverleihung 22, 27–29
Stadttore 29, 31, 48, 50, 55, 59, 67,
 77, 80, 88
Stadtverwaltung 29, 32–34, 44–47, 55,
 77, 79, 94f., 99, 104, 106f., 112, 121,
 125f., 134f., 137, 142, 144–147, 149

165

Starkenburg 86f.
Steinbergviertel 110
Steinbrücker Teich 53
Steinzeit 9
Stiftsstraße 108
Straßenbahn 103f., 106, 109, 111, 121, 143f., 149
Straßenbeleuchtung 104
Stromversorgung 103f., 106, 121, 127
Sueben 11
Synagogen 68, 138

Technische Hochschule 101, 106, 111, 115, 117, 119, 124, 132, 140, 148
Teichhausstraße 108
Theater 7, 54, 67, 74f., 78, 91, 103, 112, 114f., 129–131, 137, 142, 145, 153
Traisa 10f., 13, 21
Traisaer Weg 10
Trebur, Königspfalz 14, 19
Tribunal (Zeitschrift) 130
Trümmerräumung 143f.
Turnen 132
Turngemeinde Darmstadt 97
USA 99
Usinger, Fritz (1895–82), Schriftsteller 130
US-Truppen 143, 145, 151
Vereinigte Gesellschaft 91
Verfassung 89, 92–94, 99, 122f.
Vogler, Georg Joseph (1749–1814), Komponist 113
Volksstaat Hessen 123, 125
Volksschule 132

Waisenhaus 72
Wald, Waldnutzung 9f., 13, 16f., 20, 23, 32f., 43, 45, 53, 63, 72, 74, 84, 120
Waldfriedhof 120, 126, 142
Waldkolonie 125f., 137
Wamboldt, Otto Christoph (1884–1945), Oberbürgermeister 135

Wasserburg, s. Schloss
Wasserversorgung 19, 48, 65, 104, 108, 144
Weber, Carl Maria von (1786–1826), Komponist 113
Weidig, Friedrich Ludwig (1791–1837), Pfarrer, Revolutionär 97f.
Weimarer Republik 118, 123f., 132
Wein, Weinbau 26, 29, 31f., 34, 47f., 50–52, 55, 62, 69, 76, 80
Weißer Turm 11f., 23, 28, 66
Weiterstadt 17, 21
Weststadt 153
Wickop, Georg (1861–1914), Architekt 117
Wiederaufbau GmbH 147
Wieland, Christoph Martin (1733–1813), Schriftsteller 83
Wiener Kongress 87, 92
Wiener Straße 109
Wildbann Dreieich 17
Wilhelm II., Graf von Katzenelnbogen (1331–85) 30
Wilhelmine (1788–1836), Großherzogin von Hessen 93, 96
Wilhelminenplatz 122
Wilhelminenstraße 67, 88, 91, 103, 108, 151
Wilhelmstraße 107
Windmühle 14f., 125
Wixhausen 9f., 19, 21, 41, 58, 86, 126, 151, 153
Wochenmarkt s. Markt
Wolfhartweg 151
Wolfskehlscher Garten 35
Woog, s. Großer Woog, Kleiner Woog
Woogsviertel 109
Würzburg, Bistum 19f., 22

Zent, Zentgericht 34, 49f., 76
Zünfte 34, 47, 77, 85, 104
Zweiter Weltkrieg 7, 118, 140

Bildnachweis

Alamy Stock Foto: 57 (Eden Breitz)
bauverein AG; Foto: Frank Seifert: 153
Christian Häussler: 23, 26
Dreamstime: 154 (© Meinzahn)
Fotolia: 46 (pure-life-pictures), 116 (brodov)
Hessisches Landesmuseum Darmstadt: 10, 16
Hessisches Staatsarchiv Darmstadt: 28
Koch, A., Vor- und Frühgeschichte Starkenburgs, Darmstadt 1937, Tafel 36: 12
Schlossmuseum Darmstadt: 64, 67
Stadtarchiv Darmstadt: 8, 20, 37, 39, 51, 60, 70, 83, 90, 97, 102, 105, 109, 110, 119, 124, 131, 135, 139, 142 (Foto: Felix Rühl), 148, 150
Stepmap: 158/159 (01 Aug 2019 © Stepmap, 123map • Daten: OpenStreetMap, Lizenz ODbl 1.0)
Universitäts- und Landesbibliothek, Kartensammlung: 78/79

KLEINE STADTGESCHICHTEN – KOMPAKT, FUNDIERT & UNTERHALTSAM

PETER C. HARTMANN
MAINZ. *Kleine Stadtgeschichte*

»(…) eine informative und spannende Lektüre.« DER MAINZER

3., aktualisierte Auflage
168 S., 36 z. T. farb. Abb., 1 Stadtplan
kart., ISBN 978-3-7917-2931-8
auch als eBook

ERHART DETTMERING
MARBURG. *Kleine Stadtgeschichte*

»Faktenreich und anekdotengewürzt füllt das Bändchen eine Lücke.«
MARBURGER MAGAZIN EXPRESS

2., aktualisierte Auflage
216 S., 34 Abb., 1 Stadtplan
kart., ISBN 978-3-7917-2641-0
auch als eBook

HANS AMMERICH
SPEYER. *Kleine Stadtgeschichte*

Über 2000 Jahre Geschichte – von den Anfängen bis zur Gegenwart, von der Königspfalz zur Universitätsstadt.

176 S., 37 z. T. farb. Abb., 1 Stadtplan
kart., ISBN 978-3-7917-3086-8
auch als eBook

VERLAG FRIEDRICH PUSTET

Verlag Friedrich Pustet
Unser komplettes Programm unter:
www.verlag-pustet.de

Tel. 0941 / 92022-0
Fax 0941 / 92022-330
bestellung@pustet.de